SHODENSHA
SHINSHO

すごい古書店 変な図書館

井上理津子

祥伝社新書

はじめに

町を歩いていて、なにがしかのオーラを放つ本屋さんと出合うと、うれしくなりませんか。店頭に廉価で並ぶ均一本に「あっ」と思う1冊を見つける。店内に入ると、大量の紙とインクの匂いがする。目を離そうにも、追いかけてくるような本の気配を感じる。店主から、気の利《き》いた一言を聞く。

この本は、そんな心躍《おど》る経験となった、私の古書店訪問記です。

一口に古書店といっても、開店してからの時間軸も、広さも得意分野も在庫数も、さまざまです。一軒として同じ店はありませんが、ひとたび棚に導かれると、思いがけない本、想定していた以上の本に出合えるのが、どの店にも共通していました。

パソコンの検索システムなどないのに、本のおおよその輪郭を伝えれば、山と積まれた本の中から「これのことですね」とさっと1冊を取り出してくれたり、ミュージアムに展示されていてもおかしくないようなお宝本を惜《お》しげもなく見せてくれたり。そんな店主の姿に感動を覚えたのも、一度や二度ではありません。

ぜひ、みなさんに追体験を楽しんでいただければと思います。

専門図書館も訪ねました。あまり周知されていないようですが、ミステリー、風俗、食、鉄道、漫画、仏教書などなど……。分野も多岐にわたって、この日本には専門書を収蔵する図書館が数多くあり、気軽に利用できるのです。

本書は「日刊ゲンダイ」に２０１３年1月から２０１７年2月まで「本屋はワンダーランドだ」「この図書館が面白い」のタイトルで連載したものに、加筆訂正したものです。

所蔵点数や開店・開館からの期間などの多くは、初出時のままとしました。日刊ゲンダイ掲載時は、編集部の愛場謙嗣さん、原田かずこさん、新書上梓にあたっては祥伝社編集部・水無瀬尚さんのお力添えをいただき、感謝します。

古書店の在庫は流動的ですから、文中で紹介している本が常にあるとは限りませんが、各店のおおむねの雰囲気は十分に伝わると思われます。

この本が、新たな古書店、専門図書館との出会いのきっかけになれば幸いです。

二〇一七年八月

井《い》上《のうえ》理《り》津《つ》子《こ》

目次

はじめに

さあ、街のワンダーランドへ出かけよう！

001〜085はユニークさが際立つ「すごい古書店」、
086〜117が専門性の高い「変な図書館」です。

001

穂高書房《阿佐ケ谷》

「書き、読み、登る」山の本の〝山〟

「本が雪崩《なだ》れてくるかもしれないから、ヘルメットを持参したほうがいいかも」と、山男の知人からアドバイス（？）された。訪問して、それがあながち冗談でなかったと思い知った。本が〝山〟のようにうずたかく積まれた、前代未聞の店だったのだ。

店内至るところに、大小さまざまな本が横積み。『山々のルーツ』『スイス　山案内人の手紙より』『知床の峰』『谷川岳ヒゲの大将』などのタイトルの本と目が合いつつ、なんとか奥に進むと、ガラスケースの中に、山岳写真集。その手前に、右から「山と高原」と横書きされた冊子群。そして、幾十にも折り重なった本の〝尾根線〟の向こうに、人の気配がした。

「山の実用書のお店かと思ったら、違うんですね？」と声をかけると、

「そう。ワケ、分かんないでしょ（笑）」。ニット帽に髭面《ひげづら》の店主・和久井正明さんだ。

〝尾根線〟越しの会話には無理があり、和久井さんは、勝手口からいったん外に出て、入口から入り直し、近づいてきてくれた。

「書き、読み、登る。山には、いろんな楽しみ方があるわけで……」

まず、「書く楽しみ」の本から見せてくれた。全国に約150人の会員がいるという「日本山書の会」発行の「日本山書月報610号」。お仲間の書いた山の本のブックレビューなどが詰まっている。次に、同会代表の水野勉著『日本の冬の山旅』の抜き刷り。「明治時代にお雇い外国人のドイツ人が、原語で書いていたのを見つけて、翻訳したもの」と教えてくれたが、「渡す人、決まっているからね」と、すぐにしまい込まれてしまって、あらら。

次に、「近頃、一般の人に人気が出ているのは、奥多摩、奥秩父の本だね」とのことで、身近に思えてやれやれ。だが、差し出されたのは、かなり古びた『奥秩父』（塚本閤治著、山と渓谷社）。昭和17年刊の随筆だ。「昔の山道はどんなだったとか、これを読んで歩こうっていう人が買っていく」。〝通〟なお客さんばかりなのだ。

和久井さんは、大病を機《き》に「働くのが嫌い」になってこの店を始め、34年とか。古代の「信仰登山」について、文化人類学者・登山家の今西錦司について。そして、私がかつてせっせと登った神戸・六甲山の登山道開発について。何を聞いても詳しく、〝山〟の中から、関連本を「はい、これ」と取り出してくれるのだった。

SHOP DATA 杉並区阿佐谷北1・3・16／JR中央線阿佐ケ谷駅から徒歩3分／☎03・3336・0062／13時頃～18時頃／不定休

002

書肆《しょし》ひやね《神田》

美術ギャラリーさながらの〝こけし〟本屋さん

店頭に、絵画展や版画展のポスターが貼られ、一見、古美術店のようだ。入ると、小川国夫、辻邦生、渡辺淳一、高橋三千綱、津本陽らの署名入りの昭和50年代初版本などが並び、色とりどりのミニこけしコーナーも。そして、2階に上がって、目が点になった。こけし、こけし、こけし……。まさに「こけしワールド」が広がっていたのだ。

「700~800個ですね。東北の11系統の産地の伝統こけしです。昔、木地師《きじし》は免罪符を持ち、自由に移動できましたが、いい木のある東北に定住したんです。お盆などの生活用具をメーンに、子供の玩具用にこけしも作った。温泉地で売れたんですね」と、店主の比屋根英夫さん。さらに、こけしの種類や作り方について解説してくださり、少々面食らう。

「で、なんで本屋さんにこけしが?」と、やっと聞けた。

「以前、有楽町の美術ギャラリー『吾八』に勤めていたからです。昭和53年に独立しました」

「吾八」は、大阪の阪急百貨店社長だった清水雅が代表で、そうそうたる文化人、収集家が集《つど》い、限定本も作るサロンだった。独立にあたり、民芸品のいわば隙間に位置するこけしを扱ったのだという。

「こけしは愛好団体もあり、コレクターは99%男性です」

比屋根さんが製作した限定本を見せてもらった。尾瀬を歌った「夏の思い出」の作詞者、江間章子さんの詩集、白洲正子著『西行』をはじめ、詩人や随筆家らから依頼されたもの。布に金箔を押した表紙、雁皮紙《がんぴし》に活版印刷を施したページ……。

「世に、こんなに美しい本があったのか」と、オーバーでなく感嘆する。限定55部の最新刊『ルバイヤート　四行詩集彷徨　増補改訂版』（福田博著）は、日本随一の技術を持つ神戸の製本所に依頼したという。ほとんどが何万という高値だが、「限定本コレクターがいるんです」と比屋根さん。

「『吾八』時代、小川国夫さんと飲み明かしたことも、辻邦生さんが学習院を定年退官するときに研究室の整理を手伝ったこともありました」と、さらりとおっしゃる。そうか、1階に並んでいた単行本の数々は、そんな比屋根さんの来し方と無縁ではなかったのか。

数多《あまた》のこけしと、美しい限定本と希少な古書。美術ギャラリーさながらの本屋さんである。

SHOP DATA 千代田区内神田2・10・2／JR神田駅から徒歩3分／☎03・3251・4147／11時～19時／日曜・祝日休

003

ブックガレージ《新井薬師前》

自動車、オートバイのカタログが1万部

新井薬師の門前町がルーツという「薬師あいロード商店街」。昭和の匂いを感じながら進むと、入口にスバル360、オート三輪など昭和の車の写真を貼った店があった。

「うち、ちょっと特殊な古本屋ですが、取り上げてもらっていいんですか」と、店主・高橋真司さん。「car magagine」などの雑誌はあるが、本はほとんどない。壁面に、1947年から97年まで順を追って車の写真が一覧になったポスター（自家製だそう）。店内の大半を占めるのが、車とオートバイのカタログだ。

「車好きの人が、自分が乗っていた往年の車を懐かしみにくるんですか」

「いや、その車の走っていた時代まるごと好きっていう人がお客さんなんです。好きな時代の世相を、音楽や文学でたどる人もいれば、車でたどる人もいる、みたいな。だから、免許は持ってないけど、車が好きっていう常連さんもいますよ」

大量生産の車からビンテージまで、国産、外車、商用車のカタログが約1万部。「僕はね、車を差別したくないんです。共産圏の車とか、誰も知らない車を応援したくなる」っ

て、高橋さん、面白い！　さらに、「欧米に追いつけ追い越せと、各社社運をかけて車を造っていた60年代後半が、人と車が一番幸せだった時代だったと思います」

その頃の車のカタログを見せてもらった。

「ブルーバード410」は、川で水遊びしている若い男女のグループが表紙で、「ご婦人のためのおしゃれな車」って、なんとベタなコピー。「ダットサン114型セダン」の表紙は、見覚えのある美しい女性が微笑《ほほえ》んでいる。「石原裕次郎の奥さん、北原三枝ですね」。「ダットサントラック」には、なぜか婦警さんとランドセルの女の子が描かれている。

カタログから、時代が見える。風俗が見える。「フランスはノーテンキで、アメリカは豊かですね」って、シトロエン2CVやシボレー・カマロのカタログも見せてもらって、目の前の世界が海外に広がった。

カタログの販売価格は、数百円が中心だが、モノによっては1万円以上。

高橋さんがカタログ提供した『カタログで知る国産三輪自動車の記録1930－1974』（小関和夫著、三樹書房）のページもめくり、2時間以上滞在してしまった。

SHOP DATA 中野区新井1・36・3／西武新宿線新井薬師前駅から徒歩7分・JR中央線中野駅から徒歩10分／☎03・3387・5168／12時～20時（日曜11時～19時）／木曜・第2水曜休

004

古本よみた屋《吉祥寺》

「少し手に入りにくい変わった本」が6万冊

店頭に『日本の舞台』（集英社、全10巻、売り値1000円）、入ってすぐの棚に『近代庶民生活誌』（三一書房、10巻揃、同1万円）があった。どちらも、必要に迫られて買った1、2冊を持っていて、揃えておきたいと思っていたシリーズだ。さらに、「50円」の棚で、先日友人との懐古話に出た『されどわれらが日々――』（柴田翔、文春文庫）と目が合った。

「強いのは、心理、思想、趣味、アートなどの分野。『本好きのための本格古書店』をキャッチフレーズに、少し手に入りにくい変わった本を6万冊ほどご用意しています」と、代表の澄田喜広さんが言う。

店内約40坪。中央の通路を進むと、「民俗学　普通の人々の文化」「文化と自然の　人類学」と書かれた棚。前者で『サンカと説教強盗』（礫川全次著、批評社）、後者で『先祖供養と墓』（五来重著、角川選書）に手を出してしまう。そして、右手の通路では、「千夜千冊虎の巻」（松岡正剛著、求龍堂）を見つけ……と、行きつ戻りつしているうちに、すごく貴重そうな本が収まったガラスケースを見つけた。

澄田さんにガラスケースを開けてもらう。内田百閒著『お伽噺集　王様の背中』（薬浪書院、昭和9年刊）だ。茶色い紙に、ユーモラスな挿絵がなんともステキ。棟方志功と腕を競ったという谷中安規の挿絵が満載だった。なんと売り値は60万円。「限定200部のうちの1部なんですね」。お宝もの、触らせていただきました――である。

「昨日お客さんから買ってきたばかりのコレも、面白いですよ」と、やはり年代ものの探偵雑誌「宝石」も見せてくれる。昭和21年の創刊号。巻頭に横溝正史が「本陣殺人事件」を寄せている。

「値段、つけなきゃ」と、妻で店長の佐藤佳奈さんが言えば、「待ちなよ」と澄田さん。

「売りたくないんですよね（笑）」

大学時代に町田の「高原書店」でアルバイトしたのを入口に、「世の中の主流から少し外れた本や時代遅れの本」を中心に、夫婦で起業して22年目。澄田さんは、東京古書組合「日本の古本屋」事業部長も務めている。「人生の道に迷ったら、よみた屋でひと休みを」って、さすがだ。

SHOP DATA
武蔵野市吉祥寺南町2-6-10／JR中央線・京王井の頭線吉祥寺駅から徒歩2分／☎042・43・6550／10時～22時／無休（年末年始を除く）

005

古本遊戯　流浪堂《学芸大学》

「音楽と旅」から広がる多ジャンルの本

知ったのは、「東京人」２００１年5月号の「古本道」特集で。ロックバンドのドラマーだった「32歳の青年」が「自分の城を」と開業して1年、「バラエティに富んだ品揃え」と紹介されていたが、さて。

入り口正面に、カラフルな多数の絵本がささっている。妙な表現だが、単に面陳列でなく、斜め向きの陳列だったり、階段状に積み重ねた陳列だったり。見上げれば、長新太展のポスターあり、レトロな木製飾り棚あり。フュージョン音楽が小音量で流れる中、モスグリーンの書棚とその前面に、カタい本もやわらかい本もわんさか、のびのびと並ぶ。

奥から、しゃれた帽子を被《かぶ》った店主・二見彰さんが現われた。

「開業13年なんですね?」

「ええ。文庫本くらいしか読まなかったのに、旅の資金稼ぎにたまたま古本屋でアルバイトしたのがきっかけで。花屋でバイトしていたら花屋に、八百屋なら八百屋になっていたかもしれないんですが」と、肩に力なし。

ジャンルは、「音楽と旅」を軸に、「食とか風俗とか衣服とか町とか、なんとなく広がった」とのことで、18坪に推定4～5万冊。棚は、洋書、民俗学、江戸・東京、落語、映画、音楽、アート、写真……と続くが、『ガンジー自叙伝』『大森界隈職人往来』『銀座はやり歌』『万博とストリップ』『日本売春史』などの本を次々手に取ってしまう。

「やばいです。私のタイプの本がいっぱいで、さくっと一周できない」と言えば、「いやいや、ゆっくり宝探ししてください（笑）」と二見さん。ご自分は、団鬼六『真剣師 小池重明』、立川談志『人生、成り行き─談志一代記』を開いて、ぱらぱらめくる。

やっと音楽の棚にたどりつき、「何かすすめてください」と頼むと、ひょいと「TOM WAITS 酔いどれ天使の唄」を取り出した。

冒頭に記した「東京人」の記事風に言えば「自分の城」の本領発揮の本？「いやいや。セレクトショップとかコンシェルジュとか、近ごろの本屋さん用語はつまんないと思う。遅くまで開けているので、一杯飲んだ後にでも、気軽に寄ってください」

滞在中、教養人ふうの男性も、スーパーの袋を下げた女性にも出会った。

SHOP DATA 目黒区鷹番3-6-9-103／東急東横線学芸大学駅西口から徒歩2分／☎03・3792・3082／12時～24時（日曜・祝日11時～23時）／木曜休

006

古書　音羽館《西荻窪》

“硬派なサブカルチャー”的な本がズラリ

うわっ。大放出だ――と、店頭の棚に、いきなり動けなくなった。小説から実用書まで、たっぷりの文庫本が100円均一。野球帽にリュックの男性陣が品定めする横に一緒にへばりつき、さっそく吉村昭と佐野眞一をゲットし、左手のドアから店内へ。

面陳列の本に、佐高信著『土門拳の生涯』、小玉武著『洋酒天国とその時代』。そして、杉山賢一・東逸平著『香水のすべて』。ボサノバがかかる店内は、ひたすら本ありきの昔風と、しゃれた今風の中間の雰囲気。絵本の棚に、赤ちゃんを抱っこしたロングスカートの女性。文庫や新書の棚や、その奥の『チェ・ゲバラ』だの『ブント』だのがタイトルに混じる硬派な本が幅を占める棚に、リュックの青年たち。人いきれがする。右手に進むと、思想、美術、映画、外国文学などの棚が広がり、そこにも三人のお客さん。

「硬派なサブカルチャー、みたいな品揃えですか」

「まあそうですね。社会学、人文科学全般です」と、店主の広瀬洋一さん。町田の「高原書店」に10年勤めた後、開業して13年になる……と、聞いている間にも、買い取り客が次々詰めかける。

「お客さん、多いですね」

「この辺りは、モノを作る仕事の人が多く住んでいて、古いものの良さが認知されている土地柄なんですね。いつぞや、買い取りのお客さんが持ってきた中に映画の本が3冊交《ま》じっていたので、『映画お好きですか?』と聞くと、『監督なんだよ』って。『トラック野郎』シリーズの鈴木則文監督でした」

以前に訪問した老舗古書店で、「街が人を作り、人が店を育てる」と聞いたことを思い出す。一角に、つい先日発売されたばかりの新刊が半額以下で並んでもいる。「書評を書いた人たちがお持ちになるようです」

「自慢の一冊」を示してほしいと頼むと、広瀬さんは、レジ奥から『海炭市叙景』を取り出し、「村上春樹と同い年で芥川賞候補になった佐藤泰志の短編小説集。この本が出たのは、90年に亡くなった後なんですが」と。「映画観ました。その本欲しいです!」とからんだが、「行き先、決まってるので」とのことで、残念。

SHOP DATA 杉並区西荻北3・13・7/JR中央線西荻窪駅から徒歩5分/☎03・5382・1587/12時〜23時/火曜休

007

magnif（マグニフ）《神田神保町》

時代がまるごと詰まったファッション雑誌がずらり

黄色と赤がアクセントカラーのポップな外観が目をひく。古色を帯びた本屋さんが多い神保町で異彩を放つ「ｍａｇｎｉｆ」は、国内外のファッション雑誌のバックナンバーが並ぶ本屋さんである。

まず、店頭で「mcSister」（ハースト婦人画報社）を見つけて、胸キュンとなった。年がばれるが１９７０年代に高校生女子だった私たちのアイビーファッションのお手本雑誌だ。

そして通路を進むと、あるわあるわ、さまざまな時代のさまざまな分野のファッション系雑誌が。「an・an」「流行通信」「ELLE」「BRUTUS」「POPEYE」「olive」「VOGUE」……。

「10代、20代の若い子たちも『70年代、かっこいい』と買いに来ます。雑誌って、その時代がまるごと詰まっているから面白いんです」と、店主の中武康法さん。一般書を扱う神保町の古書店に勤務した後、２００９年に独立開業したそうだ。

10坪。冊数は「もはや分からない」とのことだが、おそらく10万冊以上。「最も特徴的なのは？」と聞くと、中武さんは、１９６０～70年代の「MEN'S CLUB」が並んだ棚に案内してくれた。「男がおしゃれをする感覚がなかった時代から、トラッドファッションを牽引したバイブルですよね」

手にとった一冊は1966年1月号。一面芝生のアメリカの大学のキャンパスで、コットンパンツにマドラスチェックのシャツの学生たちが歓談するスナップがふんだんで、「憧れたんだ、こういう世界に」と思わず。「MEN'S CLUB」の近くには、「VAN」「石津謙介」などがタイトルに付く書籍も並び、ガラスケースには、65年の初版以来、たびたび再版されているという『TAKE IVY』(ハースト婦人画報社)も。

「メディアのあり方が今とずいぶん違った時代。紙媒体の一冊一冊が、すごく丁寧に作られていたように思いませんか」

大いにうなずく。レジ近くには、報道写真雑誌の金字塔「LIFE」もあり、ファッションのくくり以外の雑誌もあると思いきや、「NIPPON」「FRONT」という見慣れぬ写真誌も。「戦時中に、『日本はこんなに強いんだぞ』と国が出した雑誌。土門拳や木村伊兵衛の写真も載っています」って、これスゴい。

SHOP DATA 千代田区神田神保町1-17/地下鉄各線神保町駅A7出口から徒歩2分/☎03・5280・5911/11時〜19時/不定休

008

つちうら古書倶楽部《土浦》

250坪に30万冊がずらり。新開店の関東最大級古書店

常磐線土浦駅前に、関東最大級の古本屋さんができている——とニュースで知り、上野から特別快速に55分乗ってやってきた。足を踏み入れて、本当に広い！　とびっくり。見渡す限り本、本、本。〝屋内の神保町〟の様相だ。

「元はパチンコ店だったところなんです。250坪。本は約30万冊あります」と、代表の佐々木嘉弘さん。

4メートル×1・6メートルの「島（本棚の独立したかたまり）」が20数個。「福島から神奈川までの同業の知り合い30軒に出店を誘うと、22軒が応じてくれました」とのことで、1軒が一つの「島」。奥に、佐々木さん自身の「れんが堂書店」の複数の「島」があり、レジは一括というスタイルである。

各店の得意分野が一目瞭然だ。黒っぽい戦前の本が並ぶところ、エレキギターを展示し、音楽関係の本がズラリのところ。民俗学系、サブカル系、比較的新しい文芸系の多いところ。

「古本屋用語で雑本《ざつぽん》というのですが、いろんな本が交じっています。好みの本を探し出すのを楽しんでいただけたら」と佐々木さん。

　東京でのサラリーマン生活を経て、妻のふるさと土浦で10坪の古書店を始めたのが28年前。近年は、土浦駅前のビルで約30坪の店を展開していたが、同ビルの目玉だったイトーヨーカドーの撤退により、2012年退店を強《し》いられた。そこで、10年前から構想を練っていた大型店をと一念発起。2013年3月末、開店にこぎつけた。

　土曜と日曜は、東京からやって来るお客も多く、満杯になるそうだが、訪れた平日の午前はガラガラ。ゆっくり見て回れ、「ご自由に」の机と椅子もあるから、座り読みもできた。2時間滞在し、かつて手放した『各駅停車全国歴史散歩　大阪府』（1980年刊）と、1957年12月号の「旅」、アルス日本児童文庫『博物館』（1929年刊）、『日本の名随筆　色街』（加太こうじ編、作品社、1992年刊）を購入。しめて2010円。競争原理が働き安いのだ、きっと。ちなみに、佐々木さんの「れんが堂書店」の得意分野は、鉄道、児童書、郷土史、そして古文書。「こんなの見たことあります？」と、江戸時代の「離縁状」「三行半」を見せてくれた。もちろん初見！　迫真の達筆にうなってしまった。

SHOP DATA　茨城県土浦市大和町2・1　パティオビル1階／JR常磐線土浦駅から徒歩2分／☎029・824・5401／10時～19時／第2・4水曜休

009 ほん吉《下北沢》

「ゲイ」や「男性史」を含むジェンダーの棚

店頭に安売りの本がずらり。幅も奥行きもしっかりある古本屋さんだ。

「女性店主の店だから小ぶりなのかと思って来たら、大きくてびっくりしました」と言うと、「どうして、そう思うのかな。女性店主でも男性店主でも関係ないでしょう？」と、店主・加勢理枝さんから、やんわりと意見された。よく考えればその通りである。

加勢さんは、吉祥寺の「古本よみた屋」勤務を経て、2008年にこの店を開いたという。元資材置き場だそうで、天井が高い。スチール本棚に整然と本が並ぶ様は〝実用本意〟のよう。

「店をおしゃれにすることに興味ないんです。私にとって、本はアクセサリーじゃなく、がつがつ読むもの。昔ながらの本屋さんを目指しています」

文芸、劇、詩、美術、写真、心理学、精神医学、ノンフィクション、それに「山」の本など、幅広いジャンルが「入門書から専門書まで」の品揃えだ。一番奥に、ジェンダー、フェミニズムに関する本が8棚を占めていた。新刊書店よりも、図書館よりも、ボリュームがあるではないか。市川房枝、宮本百合子、瀬戸内晴美、上野千鶴子らの著者名が目につく。

女性客を意識しているのかと思いきや、「いいえ、男性にも関係する分野です。奥さんや恋人との関係がしっくりいかないとか、息子が不登校だとか、娘が極端に痩せたとか。なんでこうなっちゃうんだろうと思っている男性の助けになる本も多いんですよ。ざっと背表紙を見渡してもらうと、誰の興味にもひっかかってくる本があるのでは」と加勢さん。

そうか、ジェンダーって、女性問題というより、社会的な性のありようのことだったんだと再認識。その〝目〟で棚を見ると、『ゲイ文化の主役たち』『恋する物語のホモセクシュアリティ』なんてタイトルの本あり、「男性史」と銘打つ『男たちの近代』『モダニズムから総力戦へ』『「男らしさ」の現代史』あり、『性風俗史年表』あり。実に多彩で、気がつけばへばりついていた。

あれこれ拝見した後、ジェンダーの隣りの棚に見つけた『日本文化の根底に潜むもの』（きだみのる著、講談社、昭和31年刊）を840円で買い、さあ読もうといそいそと帰った。

SHOP DATA 世田谷区北沢2-7-10 上原ビル1階／小田急・京王井の頭線下北沢駅から徒歩4分／☎03・6662・6573／12時〜21時頃／火曜休

010 森井書店《本郷》

作家の草稿、自筆本から絵画までお宝ぞくぞく

東大正門のすぐ前。ウインドーに与謝野晶子筆の短冊と佐藤春夫筆の色紙が飾られている。店内に入ろうとすると、鍵がかかっていて入れない。ブザーを押して開けてもらう方式……ということは、お宝ぞくぞくの古書店？　との予想は当たっていた。

「大正8年の創業から、東大生に教科書などを販売していたんですが、私の代で、近代文学や山の本に方向を変えたんです」と、3代目店主・森井健一さん。「反町茂雄さんの『文車《ふぐるま》の会』に入って勉強しましてね」とおっしゃる。恥ずかしながら、「反町茂雄さんって？」と聞き返すと、「弘文荘という古書肆をやってらっしゃった東京都文化賞受賞者。古書業界で反町さんを知らなかったらモグリですよ（笑）」と。国宝や重要文化財、古典籍の取扱いで知られた人だったと教えてくださった。

「年に3、4回、図録を作ってお客さんに届け、注文をいただいています」とのこと。「たとえば、これなんか」と森井さんが開いた図録に、「ペリー横浜応接秘図」が載っていた。高川文筌《ぶんせん》の作で、「嘉永七年三月」と刻印。ペリーら36人のアメリカ軍人と武士たちが向き合っている絵だ。すごい！　販売済みだそう。「いかほどで、どなたがお求めになったんです?」「大阪の個人コレクターが、650万円で」。

取扱いは、美術品、和本古筆から文学書、自筆本、そして山岳書まで。古書組合か買取で仕入れ、真贋を見分けるそうだ。

「未発表の作品を掘り出したときは、わくわくしますね」

志賀直哉が大正13年に雑誌「女性」（プラトン社）へ向けた随筆の草稿を見せてくれる。竹久夢二、武者小路実篤、樋口一葉、若山牧水らの短冊、色紙もどんどん出てきた。なんとか手が届く2万、3万ほどのものもあるもよう。

店内の書棚には、山岳書が著者50音順に並んでいて、新田次郎も串田孫一も畦地梅太郎もあったが、「辻まことも見ます?」と森井さん。森の中に2人の男がいる30号の油彩画が惜しげもなく目の前に。またもや、つい値段を聞く。250万円とおっしゃる。「素晴らしいです。目の保養をさせていただきました」と言うと、「いつでもお寄りくださいよ」

お宝満載の図録は、1000円分の切手を郵送すると送ってもらえる。

SHOP DATA　文京区本郷6・18・9・102／地下鉄南北線東大前駅から徒歩4分、丸ノ内線・大江戸線本郷3丁目駅から徒歩9分／☎03・3812・5961／10時〜18時、土曜・日曜・祝日休

011

軍学堂《神田神保町》

戦争、軍事に関する本がなんと1万冊

神保町・すずらん通側の三省堂の東隣のビルの2階。店名から、思想的な本屋さんかもと身構えながら入ったが、そうではなかった。

「近代史というのは戦争の歴史でしょう?」と、店主・望月太郎さん。オレンジ色の短めのパンツがお似合いのおしゃれな青年で、肩の力がぬける。

「日清、日露に始まる戦争、軍事に関する本と資料を幅広く置いています」

本棚のインデックスに「海軍」「陸軍」「自衛隊」「日清・日露」「2・26事件」「太平洋戦争」「満州」「諜報・情報」「原爆」「東京裁判」「ベトナム戦争」「天皇」「中東」「戦記」……。約1万冊。こんなに大量の戦争関係本、図書館以上だ。

ビニールに包まれた茶色い綴じ本もあった。『現地自活(衣糧)ノ勝利』とか『憲兵上等兵候補者用教本』とか。『時局関係法令集』『極東国際軍事裁判書証一覧表』といったものも目につく。

「研究者が買いにくるのですか?」と聞く。

「研究者もいますが、『ビルマで戦ったひいおじいちゃんの足跡をたどりたい』という若い人や、映画の小道具にしたいと探しにくる人もいて、〝入り口〟はさまざまです」

どの時代の何からアプローチして取材したらいいのか困惑していたら、同行のカメラマンが横から「戦跡の本もありますか？」と。「仕事で八王子の戦跡を撮ってから興味を持って、全国の戦跡を撮影に回っているんですよ。趣味で」。そうか、知らなかった。

望月さんが「ありますよ」と取り出した数冊の戦跡写真集から、『旧軍史跡　現代に遺された戦争遺産』（新人物往来社、2009年刊）を拝見。小笠原の要塞、観音崎の砲台、伊良湖の射場などの威容を誇る写真に見入り、「たくさん残ってるんだ。現場に行くとぞくぞくする？」とカメラマンに聞くと、「そういうんじゃないです。ただ淡々と」

閑話休題。望月さんが「遥かなり　帝国海軍の提督達」を見せてくれる。夏川英二さんという人の私家版写真集だ。A4変形、約200ページ。「海軍の将官2136人の顔写真を網羅した画期的なものです」とのこと。数多《あまた》の勲章をつけた軍服姿の歴史上の人物がずらり。お見事です。4万2000円。受注生産だそうだ。

SHOP DATA　千代田区神保町1・1　倉田ビル2階／地下鉄各線神保町駅A7番出口から徒歩4分／☎03・3233・7677／12時〜19時／日曜・祝日休

012

鳥海《とりうみ》書房姉妹店《神田神保町》

「風景と一緒に釣る」〝釣り文学〟の棚が充実

食通の作家、小島政二郎のエッセー『あまカラ』と『天下一品』を、以前この店で見つけて各500円で購入。昭和の「食」の本が多彩に並ぶ本屋さんだと思っていたが、今回、入り口左手すぐの棚で足が止まった。「釣り文学」と書いたインデックスに目が行ったからだ。

井伏鱒二『海揚り』、嘉瀬井整夫『釣師井伏鱒二』、土師清二『魚つり三十年』、佐藤垢石《こうせき》『随筆たぬき汁』『鮎の友釣』、福田蘭童『世界つり歩き』、竹内始万『釣ひとすじ』……。

「釣り文学というカテゴリー、初めて知りました」と言うと、「うちの独自の分け方です(笑)。風景と一緒に釣る感じですね」と、代表取締役の鳥海洋さん。「風景」が指すのは、自然科学も文化人類学もだ。

「これはクロダイについての大作」と取り出した『クロダイ釣りの研究』(勝部直達著、渓水社、売値1万2600円)は約1000ページ。生態観察から釣り方、釣り具、堤防情報まで内容が濃い。そして「日本最古の釣りの本」という「何羨録《かせんろく》」(売値6615円)は、享保8年に吉良《きら》上野介《こうずけのすけ》の娘婿、津軽采女《うねめ》という人が気象から釣果まで克明に描いた記録の写本の復刻本だとか。現代語訳付きで、夜明けの江戸湾の気温、水温までリアルに伝わる。棚は釣り棹、魚の料理法へと続く。釣りに関して日本一の本屋さんに違いない。

店内を一巡した。他にも「植物・文化史」「盆栽・庭」「昆虫・鳥」「狼・犬・猫」「地域別植物」「造園・バラ」そして「食」などカテゴリーが独特だと思いきや、「いずれも、そもそも本草《ほんぞう》から、なので」と鳥海さん。

本草とは薬用となる動植物のこと。発端は中国の学問だそうで、「明の時代に編纂された『本草網目』の翻訳本」と全15巻揃いの『國譯本草綱目』（復刊本、売値6万8250円）を見せてくれる。「学問的知識を増補した貝原益軒の著作」と『大和本草』（同26万2500円）、「日本にアールヌーボーを紹介したひとり」という杉浦非水作の木版画『非水百花譜』（90組、同194万2500円）も軽々と見せてくれ、私はもう目が点になるばかりだ。

北海道・余市出身の鳥海さんの父が、図書館司書、放送局レコード係を経て、約50年前に創業。神保町交差点の神田古書センタービル3階に神田本店がある。

SHOP DATA 千代田区神田神保町2・11・4／地下鉄各線神保町駅A1出口から徒歩1分／☎03・3264・4450（神田本店共通）／10時～18時30分（金曜・土曜10時～19時、日曜・祝日11時～17時30分）／無休（年末年始のみ休）

013

模索舎《新宿》

40年以上も前からミニコミや小流通本を扱い続けて

「ああ、あの店ね」と、一定年齢以上の人たちがワケありげに言う。多くは、学生運動に関わった人たちだ。1970年からミニコミや少流通本を扱い続けている店——との予備知識だけを携《たずさ》えて訪問した。

白いペンキがはげかけた外観に、妙に胸キュンとなりながら、ドアを開ける。まず目に飛び込んできたのが、「全共闘・全学連」「三里塚」などと書かれたインデックス。

「このへんを買っていくのはオッサンだね」と、赤いTシャツ姿の店の人が言う。「(運動を)記録した本が近ごろ多くて、一番売れてるのはこの本かな」と、『六十年代社青同(解放派)私史』(樋口圭之助著、社会評論社)を出してくれる。帯に「次世代の若者たちに伝えたい熱い思い」とあるが、店内を見回すと意外にも若いお客が多くて、ちょっと驚く。

「元は、自分たちで作った本や冊子を自主流通させるために開いた店です。今もそれを受け継いで運営しています。イベントも開いていて、先日開催した『あたらしい野宿(上)』刊行記念、かとうちあきさんのトークショーも盛況でした」と、レジにいた榎本智至さんが説明してくれる。

店の奥にはミニコミがずらり。飲食店、廃虚、オカルト、ホラー、思想……。テーマはさまざまだが、表紙もページのビジュアルも商業誌顔負けのレベル。「世相を反映してるのね。日刊ゲンダイとか、もう皆、読まないでしょ。記者が仕事で書いた（日刊ゲンダイの）店の紹介記事より、この店が本気で好きという熱い人が書いたミニコミの記事のほうが、よっぽど面白い」と、赤Tシャツ氏。「売れるんですか？」と問うと「もちろん」。持ち込み誌はすべて歓迎。売値の3割の手数料で置いてくれるそうだ。「2丁目が近いから、ゲイの人たちのミニコミもよく動きます」と楠本さん。私は、手に取った「怪処」というオカルトマガジンに、現役最年少イタコへのインタビュー記事を見つけて立ち読みする。

そして、店のさらに奥に行き、仰天《ぎょうてん》する。政治団体（左翼も右翼も）、市民団体などの定期刊行物やビラが一角を陣取っていたからだ。司法・裁判・死刑、アナーキズム、反天皇制、貧困、在日などの本も山のように。すべて出版社と直取引だそう。この日私は、かねてから気になっていた『釜ヶ崎語彙集1972―1973』（寺島珠緒編著、新宿書房）を買った。

SHOP DATA 新宿区新宿2・4・9／地下鉄各線新宿三丁目駅から徒歩5分、丸ノ内線新宿御苑駅から徒歩5分／☎03・3552・3557／12時頃～21時（日曜・祝日12時～20時）／無休

014 SNOW SHOVELING（スノウショベリング）《深沢》

「空間」も楽しめる、居心地の良さ

所在地に着けども、看板見当たらず。ふと見上げたビルの２階の窓に、店名と「NO REASON IS A GOOD REASON TO GO」と手書きした貼り紙。首をかしげながら古びた階段を上がり、変哲もないドアを開けると、ノラ・ジョーンズがかかる50平米ほどの店内に、数々の本がやや暗めの照明に照らされていた。

絵になる空間だ。本が並ぶのは、風合いの良い木の本棚やユーズド家具の上、あるいはシックなワイヤ籠の中。横向きに積み上げられた箇所もあって、合間に雑貨類も。得てしてこういうしゃれた本屋さんの主はとっつきにくかったりするのだが、中村秀一さんは、「こんにちは」と笑顔で迎えてくれた。

「子どもの頃から本屋に行くという行為が好きだったんです。棚を見ていると、嗜好《しこう》が〝ドライブ〟するから。18歳から本屋に行くことを目的にくっつけて、海外を旅してきて。パリとニューヨークの好きな３つの本屋の〝いいとこ取り〟をして、２０１２年に開きました」

３つの本屋のうちの１軒が、パリの「シェイクスピア&カンパニー」。「旅行者を泊めてあげたりする店」だったとか。訪れたジャーナリストが書いたと『シェイクスピア&カンパニー書店の優しき日々』（ジェレミー・マーサー著、市川恵里訳）を見せてくれ、読みたくなる。「セルフサービスでコーヒー、どうぞ」と中村さん。

ソファに座ってその本を開くうち、取材に来たのを忘れそうになる。

さて、棚に移動。「地球でアソブ」「本をつくる人たちとか」「60年代とか」「ビートニク」「ことのは」「日本の作家さん」などと棚ごとに個性的なインデックスが小さく付いている。「分け方はいい加減です（笑）」と言うが、なんだかいい。グラフィックデザインの仕事をしながら、30歳くらいから古書店を巡り、買い集めてきたそうだ。「どうしても置かなきゃいけない本が100冊あり、そこから広がった」とのこと。その「どうしても置かなきゃいけない本とは？」と聞けば、「文化的雪かき」から店名の由来になった村上春樹の本や、「中学の音楽で習った『イマジン』をきっかけに興味を持った」オノ・ヨーコの本などと。

私は「60年代とか」の棚から2冊をチョイス。中村さんが繰り返し読んでいるという「グレープフルーツ・ジュース」（オノ・ヨーコ著、南風椎訳、講談社）も買った。

SHOP DATA 世田谷区深沢4-35-7 深沢ビル2階／東急田園都市線駒沢大学駅から徒歩20分／☎03・6432・3468／13時～19時／火曜・水曜休

015

ワールド・アンティーク・ブック・プラザ《日本橋》

世界の〝お宝古書〟が並び、さながらミュージアム

丸善・日本橋店の3階にある、青いカーペットを敷きつめた約50平米の店。世界の古書が美しく並ぶ様は、さながらミュージアムのようだ。

「コンニチハ」と迎えてくれた総支配人のミヒャエル・シュタインバッハさんが、「英語、できますか?」。「ノー」と言うと、スタッフの小倉有紀子さんが通訳についてくれた。

「ヨーロッパなどで100年以上前に刊行された旅行記、自然科学、博物史、科学史、医学史、アート、挿絵本、美術史、版画などあらゆる分野の古書を置いています。私はオーストリアの出身ですが、長く古書のビジネスをやってきた中、1990年に東京で開かれた『国際古書展』に来て、雄松堂の新田満夫会長と知り合いました」

この店は、1932年創業の洋古書店、雄松堂（現・丸善雄松堂）の企画運営だそう。訪問時は「モードの歴史とファッション誌の源流」と題するファッション特集を開催中だった。

「手に取って、見てくださいね」

1820年からパリで発行されたモード誌の草分け「Journal des dames et des modes」や、1950年代に鉛筆書きされたウィーンの靴の原画集などを拝見。デザインに「隔世の感」がないことに驚く。ふと、分厚い本には、ページの小口（断裁面）に金箔が貼られているものが多いと気づき、聞くと「虫よけになるんですね」。さらに「一冊一冊に匂いがあります」って、ほんとだ。版の匂い、墨の匂い、図書館の匂い。妙に感動する。

店内を巡ると、「15世紀にお姫さまのような人が使っていた」というラテン語の聖歌集や、明治時代にフランス語で「浦島太郎」を紹介した「縮緬《ちりめん》本」など。まさに芸術品がぞくぞく……。1579年製の美しい世界地図帳に目が止まる。え？ 3000万円？「ベルギーの地図学者、オルテリウスが制作した『世界の舞台』。一枚ずつ版画で、手彩色してあります。交易していた人たちが必要としたのですね」

さらに、やはり西欧で17～19世紀に描かれた日本地図もあった。北海道がなかったり、四国がずいぶん小さかったり、朝鮮半島が島だったりして、面白い。「インテリアにどうぞ」。19世紀のものなら4万円と、頑張ったら手が出そうな売値だった。

SHOP DATA 中央区日本橋2-3-10 丸善・日本橋店3階／地下鉄銀座線日本橋駅からすぐ／☎03・3357・1417（丸善雄松堂・古書部）／10時～20時／無休

016 タナカホンヤ《根津》

沖縄で本屋に目覚めた店主

静かな道路に面した2階家の1階に、透明のビニールがカーテンのようにかかっている。真白き壁に猫の写真がずらりと貼られ、コンクリートの床の上にキャスター付きの可動式本棚が10個ほど並んでいる。

「元はガレージ？」と聞くと、「たぶん。おかげでバリアフリーです」と、店主の田中宏治さんが人の良さそうな笑顔を見せた。

まず壁面に目がいき、猫の写真をとくと拝見。きょとんとした表情や自由を謳歌する猫たちの姿態にひきつけられる。田中さんの友人の女性写真家、ラサさんとリコさんによる「のらりねこ展」を開催中だった。

「そこは、写真展にちなんで」と指す棚に猫の本が40冊ほど。「これ、面白くって」と田中さんが『DEAD・CAT』という洋書を取り出した。

その本を開いて、のけぞった。ぺちゃんこの猫がベッドカバーにされていたり、細長く変形した猫がトイレの掃除道具にされていたりのイラスト集。「イギリスらしいブラックユーモアでしょ。虐待って言われそうですが（笑）」

同じ棚に、荒木経惟『愛しのチロ』が混じっている。整然と置かれた他の本棚には『辺境遊記』『ダライラマ』『ロング・グッドバイ』などなど。ところで、田中さんの得意分野は？

「建築とか写真集とかエッセイとかかな。自分が持っていた本を中心に２０１２年の5月に始めたんですが、まだまだユルいです」

26歳で「旅に目覚めた」そう。バイトでお金が貯まると内外に旅する生活をした。「沖縄の市場に1畳の本屋があり、生活に根づいているって衝撃を受けたんです」。２０１０年、その本屋がスペース貸しをすることになり、蔵書３００冊を並べ、曰く「本屋さんごっこ」をしたのが、開店への布石だ。「店に来てくれた人ちとの会話が楽しかった」。東京に戻り、実家の引っ越しを機に、本物の本屋さんを開店——。

「売りたくないけど、売りたい本」と、いとうせいこう『ボタニカル・ライフ』と、『岡本太郎　神秘』を手にし、「黄ばんだ古本の甘い匂いが好きなんです」と田中さん。

千駄木・根津界隈の本屋さん巡りの1店に加えよう。

SHOP DATA　台東区池之端2・7・7／☎090・5436・6657／地下鉄千代田線根津駅から徒歩1分／12時〜20時頃／月曜休

017

古書ビビビ《下北沢》

相場よりちょっと低めで貸本時代の漫画が買える

友人と下北沢にお芝居を見に行く時の待ち合わせはここでとアバウトに決めている。待たされると、いろいろな本を見ることができて、逆に「ラッキー」だから。落語、映画、芸能、文芸、リトルプレス、写真、旅、漫画、絵本、文庫……。

「なんでもあります。でもちょっと選んでいます」のような品揃えの、きれいな古書店だ。ちくま文庫、保育社カラーブックスもやたら揃っている。

「調布の古書店に7年勤めてから独立しました。最初は『スズナリ』の1階に6坪の店だったんですが、こっちに越してから4年かな。20坪ほどです。お金ないから、ホームセンターで板や安いカーペットを買ってきて、自分で切ったり張ったりして」と、ハンチング帽がお似合いの店主・馬場幸治さん。手作りの本棚も、適当な感じに張られた赤いカーペットも〝味〟がある——と思いながら店内を一巡。

「もともと貸本が好きだったんです」と馬場さん。「30年代とかの貸本?」「そう。もちろん同時代体験ではないですが、ヘンな少年漫画がいろいろあって……」。例えば、好美のぼるの『耳売り少女』。「夜中に耳を箱に入れて売ってる話です。放送禁止用語なのでタイトルが言えない（笑）池川伸治とかも」。

そんな貸本時代の漫画を集めているうちに、ホラーやSF小説も読むようになったとか。貴重な漫画本は「売らない」そうだが、SF小説の棚が結構大きい。「私は未踏の分野です」と言うと、「じゃあ、これから読んでみるといいかも」と、『時間はだれも待ってくれない』（高野史緒編　東京創元社）を薦めてくれた。東欧の傑作集だそう。

「この本は僕自身が買って、読み終わったものだけど、在庫のほとんどはお客さんからの買い取り」とのことで、いわば「下北沢」がにおう本屋さんなのだ。各本とも「相場より少しずつ低め」の値付けだ。

この日私は、稲垣足穂、串田孫一、高橋睦郎らの本を取り出して立ち読み。買ったのは、前述のお薦めSF本と、著名人の書斎を紹介した「本棚が見たい！」。それに、ユルくかかっていて気に入ってしまった前野健太「ハッピーランチ」というCD。

財布の紐を緩める装置（？）がある店で、困った！

SHOP DATA 世田谷区北沢1・40・8　土屋ビル1階／☎03・3467・0085／小田急線・井の頭線下北沢駅から徒歩4分／12時〜21時／火曜休

018 クラシコ書店《神楽坂》

暮らしにまつわる本＋使い勝手の良い文房具

神楽坂・赤城神社近くの小道に、きれいなモスグリーンの店構え。窓辺に招き猫や文具類が置かれ、雑貨屋さんのように見えるが、奥にしっかり本棚が控えていた。「暮らしと古書店のコで、クラシコ書店。暮らしにまつわる本全般と文房具を置いています」と店主の田邉繁さんがおっとりした口調で話す。

約10坪の店内をさくっと見て、谷沢永一・渡部昇一『人生後半に読むべき本』、嵐山光三郎『同窓会』、篠田節子『ブラックボックス』や、晶文社の植草甚一のシリーズが目に飛びこんできた。食、お酒、旅、本の本、写真集、絵本などが、どこか懐かしい本棚にセンスよく配されている。

著名人たちの書斎を紹介した『本棚が見たい！』、続いて岡崎武志『古本病のかかり方』を軽く立ち読みして楽しむ。「古本と思えない、きれいな本ばかりですね」と言うと、「それは私たちの本への愛。愛ですよ」と赤ちゃんを抱いた妻の麻衣子さんが応じた。

レタッチャー（写真の加工や補正の専門職）と挿絵家だった自分たちが読んできた本がベー

スだそう。さらに文房具も、ビジュアル、使い勝手共に良いものばかりが厳選されている模様。滞在中、40代とおぼしき男性が、トートバッグ2つとメモ帳類を〝大人買い〟しているのには驚いた。

「この店らしい1冊を選んでほしい」とリクエストすると、田邉さんがサリンジャーの『ライ麦畑でつかまえて』（1984年刊、白水Uブックス）を選び、「子どもから大人への過渡期の葛藤が描かれた物語ですが、10代だからこそ見える社会の角度がとても新鮮です。僕は何度も読み返しているんです」。

一隅に、和紙をこよりで綴じた本もひとかたまりになって並んでいた。「明治時代や江戸時代の和本です」。俄然目を輝かせた田邉さんが、明治初期の『女子小学文範』を見せてくれる。絵と文字で「鰻」「飴」などを説明した百科事典のような教科書だ。

「100年以上も前に、これをどんな人が読んでいたのかとワクワクしませんか？」

田邉さんは、和本に関して神保町の専門店で修行したそうで、暮らしにまつわる和本が日に日に増えている。当面週3日の営業なのはそのためと聞いて納得。

SHOP DATA 新宿区神楽坂6-26-6／☎03・5261・2342／地下鉄東西線神楽坂駅から徒歩3分／12時～夕方／土曜・日曜・祝日休

019

梶原書店《北区堀船》

店主の人生と50年の重みが詰まった駅中の古本屋

一両の電車がガタゴトと数分毎にやってくる都電荒川線・梶原停留場のホームに店がある。たばこと新聞と週刊誌が並ぶ店構えは、ひと昔前の駅の売店だが、一歩店内に入ると古本屋さんだ。

横光利一の全集、火野葦平『革命の前後』、井上靖『孔子』がいきなり目に飛び込み、大江健三郎も石川達三も庄野潤三も。かと思うと宮部みゆきや東野圭吾も。思想書、辞書類も棚の幅をとり、奥には文庫本と少々のエロ本。木の本棚に隙間なしだ。

「取材? 受けたくないよ」と店主・根本健一さんに一蹴されるが、「何年になりますか?」と問うと「50年ほど」と。「昔は近くにキリンビールの工場や印刷工場が多くて、通勤の工員さんも寮住まいの女工さんも本を買いに来たけど、そんな時代はとうに終わった。規制緩和のせいで小売店潰しがひどいものね。線路沿いの道路の拡幅、もう測量も終わってるから、うちもあと1、2年だね」

たばこやスポーツ紙を買うお客が続く。

「置いてらっしゃる本がひとかどです」「いや、本屋は本に惚れ込んじゃダメなんだ。商売だもの」「ご自身も何かお書きになるのでは？」。そんなつれづれ話から風向きが変わった。「そう。昔はちょっと書いてたんだ」

文京区の出身。父は千駄木で古書店を営んでいたそう。高校時代は弁論部。「兄弟を養わなくちゃならないから」大学は中退したが、かつては「長いもの」も書いた。今は「詩」だという。

根本さんは机の中から「これは活字の遊びだけど」と、年代物のドーナツ盤を取り出した。キングレコード「夢見るダービージョッキー」。作詞者に根本さんの名前。「長いことこの仕事して一番良かったのは、倅《せがれ》が騎手になったこと。これは応援歌だったんだ。倅？　根本安広。天皇賞も取った……」

訪問記念に1冊買いたいと本棚を眺めていた私に、「これ、あげるよ」と根本さんは芥川龍之介『蜘蛛の糸』をくれた。「若いときに読むのと、また違う感想を持つと思うよ」

一度きりの訪問にしたくないと思った。

SHOP DATA 北区堀船3‐31‐11／都電荒川線梶原停留場すぐ／☎03・3913・3803／7時30分～20時30分／無休

020

ボヘミアンズ・ギルド《神田神保町》

アンディ・ウォーホルから竹久夢二まで

神保町のすずらん通りに面している。何度も前を通っているのに店頭の均一棚しか見ておらず、不覚だった。1階には美術、写真、デザイン、建築、工芸、版画などの本が並ぶが、「取材なら上へ」と案内されて上がった2階で度肝を抜かれた。

アンディ・ウォーホル、シャガール、マイケル・ケンナ、ベン・シャーン、藤田嗣治、東山魁夷、棟方志功、奈良美智……。新旧の有名どころの大量の作品が、無造作に置かれていたのだ。そんじょそこらの美術館以上だ。ウォーホル「COW」の値札を見ると294万円！

「祖父が大正9年に池袋で創業した夏目書房の支店で、10年前に開店しました。1920～30年代のパリの自由な芸術家たちを意味するボヘミアンと、ギルド。矛盾している店名ですが(笑)」と、社長の夏目滋さん。古書市場の明治古典会に所属し、国際的なアートの見本市「アートフェア東京」にも参加。「公共美術館の予算が縮小し相場が落ち着きました。ボーナスが入ったから買うという人もいますよ」。世にはお金持ちがいるのだ。

そのような中で、頑張れば買える値段のものも見つけた。一隅にあった竹久夢二の木版画コーナー。大正〜昭和初期の雑誌「婦人グラフ」や「セノオ楽譜」の表紙がずらり。後者は1万円台から。

大正ロマンを目の当たりにしつつ、「竹久夢二には、確か、愛人をめぐって宿敵の画家がいましたよね」と夏目さんに水を向けると、「残酷画の伊藤晴雨ですね」と答えは速い。紐で縛られた女性が描かれた晴雨の絵を見せてくれ、目が釘付けになる。

傍らに、芥川龍之介、高村光太郎、坂口安吾、司馬遼太郎、永山則夫らの自筆原稿の棚もあれば、井伏鱒二、井上靖、白洲正子、大江健三郎、瀬戸内晴美らの初版・署名本の棚もある。美術館と文学館が一体化した古書店だ、ここは。

この仕事の醍醐味は？　と聞いた。「『これいい』と思って仕入れたモノが、『これ欲しかった』というお客さんに届くときに、感じますね」

夏目さんは目を輝かしながらそう返した。

SHOP DATA 千代田区神田神保町1・1　木下ビル1F・2F／☎03・3294・3300／地下鉄各線神保町駅A7出口から徒歩3分／11時〜19時30分（日曜・祝日18時まで）／無休

021

タコシェ《中野》

コミック、画集、サブカル、ミニコミ。個性が光る本がずらり

さすがサブカルの聖地。若い人だらけだと思いながら中野ブロードウェイを歩き、3階に上がる。一角に、なぜか中年客が多い店があった。おどろおどろしいイラスト画が迎えてくれる「タコシェ」だ。

入ってすぐ右手にコミックの棚。丸尾末広、花輪和一、つげ忠男……。漫画に弱い私でも「ガロ」に描いていた人たちだとピンとくる。

「『ガロ』の版元の関係会社がアンテナショップとして、1993年に早稲田に開店したのがはじまりです。撤退することになったとき、スタッフで引き継ぎました」と代表の中山亜弓さんが、おっとりと説明してくれる。「漫画のほか、原画やイラスト、サブカルの本、自主流通のミニコミも置くようになったので、在庫数は数千でしょうか」。私の目には1万冊以上と映る。

「懐かしい。若いころ夢中になって読んだんだ、この漫画」と同行のカメラマンが、平積みの日野日出志「赤い蛇」を指してにんまりすると、中山さんは「それはゾッキ本（見切り本）なので、セール中ですよ」。定価１６００円が６３０円って、お買い得だ。

この店で近ごろよく売れるのは？　と聞くと、褪《あ》せた風の黄緑色の表紙に昭和な少年が描かれた『部屋干し　ぺっとり君』（堀道広　青林工藝舎）と。開くと、吹き出しに「力道山」「お米の配給」などという言葉が躍り、買いたくなっちゃうじゃない！

左手には「漫画評論」「文芸」「エロ」などのインデックスがついてサブカル本が揃い、雑誌「アナキズム」のバックナンバーも。大量のミニコミは、酒、食、登山、町歩き、オカルト、書評などのジャンルが多いようだ。プロ並みにセンスのよいものが多いと思いきや、「普段の商業仕事とは別に、デザイナーさんが個性を発揮しているものも多いんです。預かる基準は、そのジャンルに詳しい人以外にもちゃんと伝わる内容であることです」。手数料は定価の３割だそう。

奥の棚を何気なく見ていると、神戸のミュージシャン、中村よおさんがずいぶん前に出した「ＫＯＢＥ街角通信」が目に入った。震災後の神戸の町を、地元っ子の目線で描いた貴重な本。ことほどさように、鋭く個性を放つ本に出合える本屋さんだ。

SHOP DATA
中野区中野5-52-15　中野ブロードウェイ3階／☎03・5343・3010／JR中央線・地下鉄東西線中野駅から徒歩5分／12時～20時／無休

022

ブックスルネッサンス《早稲田》

オールジャンルの棚に店主の個性キラリ

早稲田駅から早大正門へと続く早大南門通りに面した店頭に「3冊200円、1冊100円」のワゴン。さっそく物色し、後藤正治著『遠いリング』の文庫本を見つけ、握りしめてドアを開ける。ジャズがかかり、茶色い棚にびっしりと本が詰まる店内は、今風と昔風の中間のような古本屋さんだ。

右手に「僕も私もエッチが好き」がキャッチのポスターを発見した。「古今東西、性に関する本を集め、今、『エロティシズム特集』をやっているんです」と、店主・浅利武史さんがにこにこ笑顔で現われた。一隅に、『性の表象』『売春の社会史』『エロス絵画集』『荒木経惟文学全集』シリーズなど硬派なエロス本が約300冊。「『もっとそのものずばりの本ないですか?』って聞いてくる若い女性が多くて、そういうのは売れちゃったので(笑)」

この特集が終わると、「ここにある本はばらけて、いろんな棚に移ります」とのこと。その「いろんな棚」をぐるりと回る。映画、文学、歴史、東京、民俗学のほか、アメリカ、ロシア、フランスなどの歴史文化的文献も多い。

「埋もれちゃう本を、こうして特集に集めると動くんですね。次は宗教特集をやります。って、分かったようなこと言いましたけど、店を始めてまだ12年。素人《しろうと》に毛が生《は》えたようなもんです」

浅利さんは、30歳まで商社に勤めていたそうだ。「くたびれちゃって」退職し、少々の海外逃避後に開業。当初は旅や民俗学的な本、ミステリーなど自分の蔵書を並べたが、「本、少ないね。私の本を貸そう」という人たちが次々と現われ、本が増えた。「普通の主婦やおじさんに見えた人が、大学の先生だったり」という土地柄だ。今も仕入れは買い取りのみ。「田舎に帰るお金が要るんです」と、質草代わりに本を持ってくる早大生にお金を貸したこともあるそうだ。人がいいというか、優しいというか。浅利さんはよく喋る。

「うち、〝人押し〟の本屋だから（笑）」

掘り出し本が潜んでいる。朝倉喬司『ヤクザ・風俗・都市――日本近代の暗流』と先述の文庫本を購入した。

SHOP DATA 新宿区西早稲田1・1・9／☎03・5272・0544／地下鉄東西線早稲田駅から徒歩2分／10時～19時30分／日曜休

023

東塔堂《渋谷》

門外漢も楽しめる美術書・写真集がラインアップ

一瞬、私などお門《かど》違い？　と足がすくむ。建築関係書や美術書、写真集が端正に並ぶ店そのものも、来ているお客さんたちもスタイリッシュだったからだ。しかし、入口近くでいきなり私好みの1冊に出会い、ほっとする。

土色の表紙に岡本東洋著「寫眞京都」とタイトル。『KYOTO SOUNENIR』との表記にもそそられて手に取ると、東本願寺、二条城、清水寺など京都のなじみ深い名刹が実にすっきりとしたアングルで写り、日本語と英語の説明文が付いている。火災が起こる前の金閣寺にドキリとする。1946年（昭和21）の刊行。訪日外国人が土産《みやげ》に買うことを睨《にら》んだ写真集だった。売値は3500円。

面陳列のコーナーで目に入ったのは、フランス・5月革命のときの数々の落書きを撮った『壁は語る』（J・ブザンソン編、廣田雅義訳、竹内書店、1969年刊）や、美人女優・中村れい子の悶絶が〝ぱらぱら写真〟のように連続して登場する『微分』（篠山紀信、朝日出版社、1984年刊）。

棚では、昭和初期に活躍した版画家・織田一磨著『武蔵野の記録』(愰林堂書房、1944年刊）を発見。序文を武者小路実篤が書いているではないか。

「写真がどうのこうのというより、本としての形も面白いでしょう?」と、若き店主・大和田悠樹さんが話す。写真を勉強した後、神田小川町にある美術書店の草分け「源喜堂」に勤め、独立したのだという。「お若いのに。親が資産家とか?」と、つい俗なことを聞くと「ぜんぜん(笑)。ネット通販から始めたので……。実店舗は2009年からです」。当初、虎ノ門の自宅で開業し「東に東京タワーが見えた」ために、「東塔堂」と名付けたのだそうだ。

「自慢の1冊を見せてください」と頼むと、大和田さんは、奥のガラス付きの書棚から、あのアンリ・カルティエ・ブレッソンの『THE EUROPEANS』という写真集という、ジョアン・ミロの絵が表紙の大型写真集を取り出し、「パリを中心にした1950年から55年のスナップ。かなりレアものです」と。ページをめくり、しばし50年代のパリを旅した気分を味わった。

SHOP DATA 渋谷区鶯谷町5-7 ヴィラ青山1階／JR山手線渋谷駅西口から徒歩6分／☎03・3770・7387／12時〜20時／日曜休

024 ささま書店《荻窪》

34坪に4万冊。とにかく安い

数人の男性が店頭の「100円」均一棚にへばりついている。分け入ると、畠中恵『しゃばけ』シリーズ、「季刊邪馬台国」20冊、大宅壮一の全集など「いいんですか、100円で」と言いたくなる品揃えだ。欲しかった民俗学者・神崎宣武氏の著作を2冊見つけ、握って店内に入る。

右手に文庫本、左手に「ジャズ批評」『現代詩文庫』『日本の名随筆』などのシリーズ。中央の棚には「歴史読本」も大量に。奥に進むと文芸、思想、音楽、映画、美術のほか「和紙」「連歌」の本で固められた棚もある。幾冊か手に取ったところ「300円」「500円」が多いもよう。

「たぶんウチは安いです。手に取ってぱらぱら見て棚に戻し、しばらくしてもう一度同じ本を取り出してまた戻し、3回目で値段を見て興奮し、レジに持ってくるお客さんが時々います（笑）」と店主の伊東淳司さん。

ネットで相場を調べず、「古書市場でウチが落札できなかったモノの落札値を参考にする」

など昔ながらの値付け方法を続けているという。しかも「人気本がネットで売れてしまうと店の棚に並べられなくなる」から、店売りのみだそう。34坪に4万冊、安値が多いゆえんだ。

「需要のない本は排除します。どうやってイイモノが棚に入っているかを見せるかが勝負です」

麻布十番、渋谷を経て、89年に荻窪に移転してきた店で、伊東さんはスタッフだったが先代が高齢になり後継したという。「本が好きで?」と問うと「全然読まない(笑)」。伊東さんの実家は品川の古本屋だが、それも元は寿司屋。「回転寿司が増えた35年前、古本屋に業態替えした」とか。

そんな話を聞いた後、再び店内をゆっくり回り、「古本の本」の棚で足が止まる。20年ほど前に人に借りて読み、再読したかった『本屋一代記』(松木貞夫著　筑摩書房)を発見したからだ。京都で唯一、岩波本をそろえ、大正から昭和のはじめに京大前にあった名物古書店「京都西川誠光堂」を描いた本だ。レジに持って行く途中、『百年前の日本』という写真集からの熱い視線(?)を感じ、前述の均一本2冊と合わせてこの日4冊も購入してしまった。

SHOP DATA　杉並区荻窪4・31・11/☎03・3391・6033/JR中央線・地下鉄丸ノ内線荻窪駅から徒歩2分/11時30分~21時/火曜休

025

古書ますく堂《西池袋》

在庫すべての本に思い入れたっぷり

木の引き戸と暖簾。外観はまるで飲食店のようだ。

「居酒屋の居抜きの物件なんですよ」と、店主・増田啓子さんが飾らない笑顔を見せた。2011年に裏通りで開店し、14年ここへ移転。食器棚や小上がりにも、少し乱雑に本が詰まっている。

「強いのは、本に関する本と近代詩の本、それにカープの本かな」

カープ？　「広島出身なんですよ」って、広島東洋カープのことだった。

「もう20年以上優勝してへんけど、最近〝カープ女子〟盛り上がってますよね」と、100冊以上並ぶカープ本の棚に目を細めながら言う。高橋慶彦『赤き哲学』、江夏豊『左腕の誇り』など黄金時代の選手の本もある。

「売れます？」

「全然（笑）。売れへんけど、私にとっては置いとかなアカン本で……」

「半分趣味みたいなもの？」

「そうそうそう！」

店内に黄色いバットを発見。「退屈な時、時々素振りしてます」って、お気楽そうで（失礼！）いいなあ。ちなみに、関西弁が混じるのは、大学時代を神戸で過ごしたかららしい。

元書店員。「古書組合に入るお金ないし」と、買い取りとせどり（他の本屋で買う）で仕入れ。それが却って奏功していると思えた。私が棚から幾冊かを取り出したところ、「この本、面白くて」「その本、タメになって」とすぐに食いつかれ、一冊一冊に、熱い思い入れを感じたからだ。

極めつけは、「ますく堂殿堂入り文庫」のコーナー。檀一雄『火宅の人』、沢木耕太郎『檀』、山崎豊子『花のれん』、吉村昭『仮釈放』、関川夏生『昭和時代回想』など15冊が〝殿堂入り〟している。「私が最高に好きな本。売れたらすぐに補充します」

好きな本の方向性がぴたりと来て、山崎豊子と檀一雄の話をひとしきり楽しむ。そして、『作家臨終図会』（岩井寛編　徳間文庫）に「こんな本を探してたんだ」と。著名作家151人の亡くなり方とお墓の解説本だ。購入した。

SHOP DATA 豊島区西池袋4-8-20　東急産業池袋マンション102／地下鉄各線・東武・西武池袋駅から徒歩10分／☎090・3747・2989／12時～20時／不定休

026

かげろう文庫《神田》

43万円の『妖夢草紙』でも見るも触るもOK

店頭に絵本が少々。山小屋のような板張りの店内には、右手に洋書、左手に日本の古書がぎっしり詰まっている。

「図案集や写真集、版画を含め、挿絵の入った珍しい本を置いています。英語で言う『イラストレイティド・ブック』のカテゴライズに近いですが、もう少し広いジャンル。19世紀以前のものが得意ですね」

と、店主の佐藤龍さん。大学で国文学を学び、神田の古書店で修業後、2002年に開店したそうだ。

「たとえば」と、まず見せてくれたのは、江戸の絵図。嘉永5年（1852）の小日向（8400円）、安政4年（1857）の小石川（7300円）など。「住宅地図」として使われたものだそうだ。「時代小説ファンが買っていかれます」。道路が黄色、川が青色と色鮮やかで、一軒ずつに住人の名前が記されている。その精緻さに驚いている暇はなかった。

1850年に刷られた葛飾北斎の浮世絵、1694年にイタリアで発行された『臓器解剖図鑑』、1788年イギリス刊の『シェイクスピア全集』などを惜しげもなく、次々と開いて見せてくれたからだ。いずれも、まぎれもなく昔人たちの英知。とりわけ『臓器解剖図鑑』に出てきた、脳や内臓の線のリアルさに脱帽する。

「文字が読めなくても、こうして絵があると、内容が理解できるから面白いんです」

一緒に話を聞いていたカメラマンが、突然、「これ、スゴい値段」と、棚の上の一冊を指した。なんと43万円。タイトルは『妖夢草紙』。

「明治半《なか》ばの艶本です。売値が高いのは、状態が良く、ほとんど流通していないから」

おそるおそる拝見すると、絵のクオリティーがびっくりするほど高い。女性2人がお寺を訪ね、一人はお坊さんと、もう一人はキツネの化身と関係ができるという複雑なストーリーも奇想天外だ。

「得体の知れない面白さ、でしょう?」

在庫約1万冊。この店では、ミュージアムにあってもよさそうな本が、見るも触れるもOKなのだ。恐れ入りました。

SHOP DATA 千代田区神田小川町3-26-3 坂本ビル1階/地下鉄各線神保町駅・JR御茶ノ水駅から徒歩6分/☎03・3291・5001/11時~19時/日曜休

027

菅村書店《神田神保町》

愛車が出た時の雑誌を探すならココ

入り口のウインドーを外車のエンブレムやミニチュアカーが飾る、乗り物専門古書店だ。

「神保町にないジャンルの本屋をやろうと思って、2003年に開店しました。車、オートバイ、飛行機、船舶、鉄道、戦闘機、戦車。エンジン付きの乗り物すべての雑誌のバックナンバーを扱っています。男性客が99・8％です」

店主・菅村克己さんがそう説明してくれている間、同行のカメラマンの目が一点を捕らえている気配を感じたが、やはり。「これ、ジョー・ホンダさんの写真ですよね」と。視線の先に、スポーツカーが疾走する写真の額装があった。サイン入り。「18万円？」と値段にたじろぐ私をよそに、

「オリジナルプリントですよね？」

「ええ。ジョーさんがこれを持ってぶらっと店に入って来られて、額装されて」

「すごっ。60～70年代の耐久レースだ」

男子同士の会話の楽しそうだこと。ジョー・ホンダとは、F1をはじめとするモータース

ポーツ写真の世界的草分けだそうだ。

車、オートバイの雑誌やカタログがずらりと並ぶ棚に目を転じる。そこへ男性客が入って来た。「去年中古で買った、06年型ゴルフ（フォルクスワーゲン）」が出た当時の「CAR GRAPHIC」を物色。その車の〝個性〟をレポートした試乗記事が読みたいのだと言う。もう一人は「20歳から乗っていたSR（ヤマハ）」の掲載誌を探しに来たと、表紙にSRが写った「ラ・モト」92年8月号をお買い上げ。

歴代の「CAR GRAPHIC」「ドライバー」「月刊自家用車」「オートバイ」「モーターサイクリスト」（いずれも1冊1000円前後）などが発行順にぎっしり。「日本の車雑誌のクオリティーは世界一なんですよ。外国からもお客さんが来られます」と菅村さん。

そこへ偶然にも60年配の外国人が来店。「デトロイトから」とおっしゃる。50年代のGMのホイールキャップ（2000円）を二つ買い、にこにこと「プライス・ダウン」を要求した――。

と、車関係のことばかり書いたが、店内には船舶や鉄道の雑誌や本も盛りだくさんだ。

SHOP DATA 千代田区神田神保町1−7　日本文芸社ビル1階／地下鉄各線神保町駅A7出口から2分／☎03・5281・2877／11時〜19時（日曜・祝日12時〜18時）／火曜不定休

028

にわとり文庫《西荻窪》

コレクター垂涎のレア本がずらり

ウインドーにカラフルな絵本が展示されているが、店内にはシブい本がずらり。目に飛び込んだのは、横光利一『春園』、石坂洋次郎『小さな独裁者』、小島政二郎『木曜座談』。いい具合に茶色く褪《あ》せた、それらは昭和10年代発刊のものだ。

『内田百閒随筆』や『小栗虫太郎全作品』も数冊まとめてラッピングされている。

「文芸書が主です。僕自身は勉強が苦手なほうなので、難しい本より、趣味的な本を多く扱っています」と、店主・田辺浩一さん。

「趣味的な本」に、なるほど。左手の文庫本の棚には、ちくま文庫の占める割合が大きいようだ。店内を巡っていると、「貸本小説って、知ってます?」と、田辺さんに尋ねられた。

「少年漫画じゃなくて?」

「ええ。子ども用じゃなくて大人用。若いサラリーマンが銭湯の帰りに貸本屋へ寄って、『一冊借りて帰ろうか』みたいな大衆小説の貸本。昭和30年代まで全国にあふれていたんですね」

案内してくれた棚に、パラフィン紙で包まれた「貸本小説」が20冊ほどあった。竹森一男

『心機一転』『突貫一路』、三橋一夫『乾杯！角帽社長』、井上友一郎「たそがれ令嬢」……。私は、作家名も書名も初見だ。

「ユーモア、ミステリータッチ、恋愛ものなど。読んでみると後悔するストーリーですが(笑)、時代を反映していて、面白いんですよ」

いずれもサラリーマンらが描かれたカバーイラストがいい。ネクタイを緩《ゆる》めた様など、まるで当時の島耕作だ。売値は、一冊5000円程度と高価だが、「あった！」と目を輝かせて買っていく中年男性がいるとか。

さらに、ポプラ社の「日本名探偵文庫」「世界名作探偵文庫」シリーズなど、昭和30年前後の刊行の少年読み物も揃っている。訪問時にあったのは、海野十三《うんのじゅうざ》『海底都市』、江戸川乱歩『地獄の仮面』など約40冊。1万5000円〜の売値だった。

田辺さんは、26歳で急に自由が丘の古本屋を継ぐことになった同級生を手伝う形でこの道に入ったのだという。2005年に独立した。「開業が酉年だったたから、なんとなく『にわとり文庫』にしたまでです」。おだやかな口調と、扱うシブい本のギャップも面白い。

SHOP DATA 杉並区西荻南3-17-5／JR中央線西荻窪駅から徒歩2分／☎03・3247・3054／12時〜22時／火曜休

029

盛林堂書房《西荻窪》

ミステリー、文芸書の初版本がぎっしり

店頭の「100円」コーナーに、高村薫、結城昌治、池田満寿夫、大岡玲らの本が盛りだくさん。ウインドーに小川未明『コドモノクニ』や『夢野久作傑作集　氷の涯』などシブい装幀の古き本。店主、ただ者じゃないぞ、と店内に入る。

ジャズが流れる中、パラフィン紙に包まれた内外のミステリーや近現代文学の本が美しく並び、奥のレジに店主の小野純一さんがいた。

「パラフィン紙は、『怖くて触れない』ってことはなく、気軽に手に取ってもらうため。単行本は基本、初版を置いていて、増刷の本は100円で出しているんです」

ウインドーの本は平均10万円と聞いてたまげ、「では遠慮なく」と棚から取り出してみた松本清張『点と線』（1958年　初版　光文社）の売価、3万7800円に目を見張る。

「初版本を読む必要があるかというと、ないです。文庫本なら300円とかですから。でも、同じ本も改訂されると装幀も帯も変わるので、コレクターさんがいらっしゃるんですね」と言いつつ、60年刊の『点と線』を出してくれる。4200円だ。

「翻訳ものは訳者も変わる」と、エラリー・クイーン『エジプト十字架の秘密』の伴大矩訳の初版（1934年、日本公論社　売値2万1000円）と、井上勇訳（73年　創元推理文庫売値300円）も見せてもらう。小野さんはミステリー好きと拝察。

「角川文庫のミステリーから読み出したクチ。祖父に『本は売り物だから、触るな』と言われて育ち、あまり本を読むほうでなかったんですが」

1949年に祖父が山岳書を中心に開業したのだという。父は継がず、祖父が他界した10年前、「2、3年やってみるか、とやり出したら苦じゃなかった」。さらに、「個人出版を20冊ほどしています」とさらりとおっしゃる。

一隅に、版元名「書肆盛林堂」の本がわずかに並んでいた。2015年刊の「野呂邦暢古本屋写真集」（500部限定）や『真冬の殺人事件』（S・S・ヴァン・ダイン、ジェラルド・カーシュ著　植草甚一訳　1441円）は刊行後ほどなく完売。4〜500冊の限定で作り、増刷はしないのだそう。マニア垂涎。気になる方、盛林堂へダッシュを！

SHOP DATA 杉並区西荻南2-23-12／JR中央線西荻窪駅から徒歩3分／☎03・3333・6582／11時30分〜18時30分／月曜休

030

五十嵐書店《早稲田》

「昔来ていた学生がもう名誉教授だもの」

早稲田通りに面した、コンクリート打ちっ放しのしゃれた建物。「思想哲学　文学　芸術　国語国文学……」と書かれた案内パネルまでしゃれている。整然と古書が並ぶさまに少々おじけづいたが、師岡宏次著『想い出の東京』、佐藤嘉尚著『新宿の1世紀アーカイブス』など、とっつきやすい写真集も見つけた。ミュージアム展示のように、『岡本太郎の絵画』『蕗谷虹児展』などの図録や、フランス人画家ノエル・ヌエットによる風景画集『東京―一外国人の見た印象1・2／古い都・現代都市』も面陳列で並んでいる。

「このごろは面陳列がいいらしくて」と店主・五十嵐智さんがにこやかに現れた。１９６４年に神田で開業。68年にここ早稲田に移り、47年になるという。

「昔来ていた学生が、もう名誉教授だもの（笑）」

早大の「知」に貢献してきた古書店だ。

「古書店街を調査していた研究者たちに『日記をつけていた』と言うと、面白がってくれましてね」と、『五十嵐日記　古書店の原風景』（五十嵐日記刊行会編、笠間書院、２４００円）

を出してくれた。独立する前、53年から62年まで神保町の老舗書店「南海堂」に勤めていたという、当時の五十嵐さんの日記が本になっていたのだ。

「19歳で山形県酒田市から上京し、神保町に迷い込んじゃって（笑）。住み込みで働いて、3年目から仕入れを任せられて……」

同書からは、古書店を取り巻く世相も、五十嵐青年の「一所懸命」も伝わってくる。地階に降りると、国文、日本史、仏教などの重厚な棚。まさに研究者御用達の雰囲気だが、一隅に絵付きの和本が展示されていた。

『一名八犬傳　犬の艸紙《そうし》』（16冊組、18万円）と『鶴岡江戸道中案内』（30万円）。前者は、つまり南総里見八犬伝。「今で言う文庫本のようなものですね」と、2代目の修さん。鶴岡から江戸まで街道を延々と鳥瞰《ちょうかん》した絵が続く後者は、誰がなんのために描いたかは謎とか。

「買い手がつかなかったら、郷里の博物館とかに寄贈すると父が言っています」って、さすが老舗《しにせ》の余裕だ。

SHOP DATA

新宿区西早稲田3‐20‐1／JR山手線・西武新宿線・地下鉄東西線高田馬場駅から徒歩10分／
☎03・3202・8201／10時〜18時30分（祝日18時まで）／日曜休

031

秦川堂《しんせんどう》書店《神田神保町》

家の「ルーツ探し」に来る人が増えている

地図と地誌が専門の古書店だ。入り口を入ってすぐの棚に、都道府県別の古地図が無数に積まれている。私のホームタウンの棚に手を伸ばすと、「大阪府全図、大正12年」２１００円（税込み、以下同じ）、「大大阪市街地図　昭和4年版」４３００円、「大阪市案内図、昭和45年」２０００円……。思わず、わが本籍地を探す。近くに戦前は大きな教会が建っていたとは知らなかった。興味津々だ。

「昔は新聞折り込み等で大量に頒布されていたので、地図がたくさん残っているんです。入門編におすすめは、大正3年の地図の復刻版（１０００円）です」と店主・永森譲さんに聞き、探すとずいぶんあった。大阪のみならず、47都道府県それぞれのものが。「何千万円といった高価なものはありませんが、〝使える古地図〟の量はウチがたぶん日本中で一番多いです」

店の中ほどに、明治～昭和の絵葉書や時刻表がびっしり。幾十にも続く棚には、江戸・東京をはじめ全国の地誌や地図集、名所一覧、街道などの本が膨大に並び、見入っているお客が大勢いる。

「今は郊外に住んでいるが、おじいちゃんは銀座だったなどと家のルーツ探しに来られる方が増えています」

そんな人には、まず江戸全域を網羅した「江戸図」（復刻版　1000円）を。次に「切絵図（区分地図）」を案内する。武家の出なら江戸時代までさかのぼれるケースも稀にあるという。「伊能忠敬以前に、絵師が鳥瞰図を描いています。参勤交代のお土産にもなったようです」

「これ、見ます？」と永森さんは惜しげもなく「富士見十三州輿地之全図」（12万9000円）を広げてくれた。富士山を眺望できる13の国（州）を描いた、畳一畳ほどもの大きさの天保年間の地図。国境や街道、関所の他、名所や村名まで詳細に描かれている上に、黄色が効果的に使われ、なんとも美しい。

明治40年に本郷で創業し、永森さんは3代目。父は医学書を専門としたが、永森さんは「小学校の時に銀座の古老の話を聞いた」のが地図や地誌にハマるきっかけだったそうだ。自身が立ち上げ、研究者らと活動する銀座文化史学会の紀要「銀座文化研究」も棚に並んでいる。

SHOP DATA 千代田区神田神保町2・3　岩波アネックス2階／地下鉄各線神保町駅A6出口からすぐ／☎03・3264・2780／10時～18時30分（祝・11時～17時30分）／日曜休

032

古書うつつ《中野》

「若い人が一度はハマる」寺山修司の本がびっしり

入り口に、おどろおどろしいイラストが目をひく劇団のポスターが貼られている。〝サブカルの聖地〟こと中野ブロードウェイの2階だ。限られた人たち向きの本屋さんかも、と思いながら訪ねたら、そうでもなかった。

「幻想文学と落語と詩の本が専門です」と店主・山中聡さん。

澁澤龍彦、種村季弘ら幻想文学の大御所の本がずらりと並んでいて、中でも最も幅をとっているのが寺山修司だ。

「寺山修司は、今も昔も若い人たちが一度は通る青春文学です。一風変わった作風に惹かれてハマり、しばらくすると卒業するんですね。今年は生誕80周年なので、例年に増して注目が集まっています」

戯曲やエッセイが多い中、山中さんは「1冊だけ書いた」という貴重な長編小説『あゝ、荒野』（1500円＝税込み売値、以下同じ）を大切そうに見せてくれた。

一方、店内左手には、落語を中心に演芸関係の本がぎっしり。『立川談志独り会』『志ん生廓ばなし』『米朝ばなし』などのタイトルにも興味をそそられるが、棚の側面に展示されていた『テレビ時代の名人芸グラフィティ』（沢田隆治著　700円）に、ふと手をのばす。80年代初めに漫才ブームを引き起こした関西テレビ制作のテレビ番組「花王名人劇場」の記録だ。若き日の紳助、島田洋七らの写真が満載だ。

「懐かしい～」とページをめくっていると、奥の方から〝視線〟を感じるではないか。なんと！　四谷シモン風の人形からだった。アンティークな洋服を着た美しい肉付きの女の子の人形に、どきっ。「知り合いの人形作家、恋月姫さんの作品です」。売り物じゃないそうだが、その周りには様々な人形の写真集（1000円～）が並んでいた。「アンティーク・ドールのファンが多いんですよ」って、幻想文学の延長なんだ。

さらに奥には、三島由紀夫の『蘭陵王』の生原稿（復元版、箱入り、7500円）や、田村隆一や金子光晴、鈴木志郎康らの詩集も埴谷雄高の全集もあり、「無頼派」の3文字が頭によぎる。

「中央線沿線だから、やっていける分野だと思います」と山中さん。開店して10年になる。

SHOP DATA　中野区中野5・52・15　中野ブロードウェイ2階／JR中央線・地下鉄東西線中野駅から徒歩5分／☎03・5380・0860／土曜・日曜の13時～19時／平日は不定休

033

@《アット》ワンダー《神田神保町》

キャッチフレーズは「20世紀記憶装置」

靖国通り沿いのビルの1階に、小さな入り口がある。路地に面したビルの外壁にくっついて本がずらりと並ぶさまを横目に店内に入ると、意外にも中はけっこう広い。

「開拓社という英英辞典の老舗出版社だったビルなので、入口が狭くて本屋らしくない造りなんです。なので、外に本を並べて本屋だとアピールしています」と、店主の鈴木宏さん。

店内に入ると、早川ポケットミステリや創元推理文庫をはじめサブカル本、各社のSFなどの文庫が列をなして続く。それらが途切れたところに「気狂いピエロ」「マドリードで乾杯」「ぼんち」など洋画・邦画のポスターが現われ、パンフレットやちらしも俳優別に大量に置かれている。

「ウチのキャッチフレーズは『20世紀記憶装置』です」って、なるほど。促されて2階に上がると、レトロ感あふれる椅子が並ぶ「ブックカフェ二十世紀」があり、コーヒーのいい香りがした。

このカフェは神保町の穴場だ。壁面に、ソフィア・ローレンや木暮実千代ら往年の美女たちがいる……と思いきや、「映画の友」「映画ファン」など映画雑誌の表紙だった。「元の持ち主は映画関係の方。お孫さんから大量に買い取りしたのですが、一冊ずつ丁寧に包装されて保管されていました」

グッとくるなあ。元の持ち主の〝宝物〟を次世代につなぐんだ。「昭和21年〜36年『近代映画』182冊セット　45万円」と案内する貼り紙にまで「愛」が籠もっているように見えた。

開店して16年。鈴木さんは、学生時代に読んだ早川義夫著『ぼくは本屋のおやじさん』に触発されて、早稲田で貸本屋を開き古書の世界に入ったとか。2階は文学の棚。かつて少しご縁があった京大名誉教授だった故中村直勝先生の『京の佛たち』を見つけて、飛びついた。

なお、ブックカフェでは、トークイベントが定期開催されている。

SHOP DATA 千代田区神田神保町2・5・4　開拓社ビル1〜2階／地下鉄各線神保町駅A1出口からすぐ／☎03・3238・7415（@ワンダー）、☎03・5213・4853（ブックカフェ二十世紀）／11時〜19時（日曜・祝日18時まで）／年末年始休

034

銀星舎《阿佐ヶ谷》

蔵書家の〝ご近所さん〟からシブい本を買い取り

阿佐ヶ谷駅から続くケヤキ並木の中杉通りに面したこぢんまりとした古書店だ。ダークブラウンの棚に、文学、音楽関係の本、評伝、思想書、写真集、食の本、それに絵本もぎっしりと並び、その足元にも本が小高い山を成しているさまが絵になる。

1959年刊の『アメリカ文学覚え書』と『絶望の国の幸福な若者たち』というタイトルの本が隣り合っていたり、食の本の棚に北大路魯山人や向田邦子の著書や研究書が目立ったり。床に「月刊太陽」の「植草甚一特集」「作家のスタイル特集」が立てかけられていたり。何らか法則がありそうだ。

「ほとんどが、代替わりするご近所のお宅からの〝買い取り〟です」と、女性店主。「本と、本のある雰囲気で店を見てほしいから」との理由で、店主の名前も写真も掲載NGだというが、「この店を開いて15年ですが、ご近所は蔵書の多いお宅が多いんです。今生きてらっしゃると80代、90代の方々は大型本を集めるのが趣味だったんじゃないかしら」と。

店主の指す方向に、『ドキュメント東京裁判』『満州再見』『日中戦争』など大型本があった。いずれもバブルに向かう時期に出版されたものだという。

文庫の棚を見て、驚いた。岩波文庫、講談社学芸文庫が揃いに揃っている。「一人の方が全巻お持ちだったんです」って、すごいな。朝日文庫の司馬遼太郎『街道をゆく』シリーズも全43巻がひと固まりになっていた。

レジ近くの平台は、「絶版本」コーナーだそうで、ジョン・レノンとオノ・ヨーコの不機嫌そうな顔写真が表紙の『レノンとヨーコ』や、5人の美女のイラストが描かれた表紙の『日本女地図』（殿山泰司）が目にとまった。「絶版本って、ステキなんですよ」と言いながら、店主は内田百閒の〝絶版文庫〟を出してきた。80年代前半に刊行された旺文社文庫版だ。『ノラや』『東海道刈谷驛』『いささ村竹・鬼苑漫筆』……。谷中安規のモダンな柄の版画の表紙に心をわし摑みにされ、『ノラや』を購入した。

取材中、「山本一力ある？」と来店した年配男性は、店主にサクサクと案内され、即座に3冊を買っていた。古書店って、客が店を選ぶと同時に、店も客を選ぶんだ――と改めて思った。

SHOP DATA 杉並区阿佐谷北1・45・4／JR中央線阿佐ヶ谷駅から徒歩6分／☎03・3330・2888／12時〜19時30分／火曜休

035

ポラン書房《大泉学園》

ドアを開けると、こけし50体ほどがお出迎え

木のドアを開けて店内に入ると、なぜか年代モノのこけしが50体ほど並んでいて、棚には芸術書から絵本、文庫、歴史、漫画、詩歌、映画、宗教など、ありとあらゆるジャンルの本がずらり。ＢＧＭはジャズだが、今風の「こじゃれ」の古書店とも違う居心地の良さをいっぺんに感じた。

「こけしは、本の買い取りに行ったお宅で『捨てられず困ってる』と言うので、引き取ってきたものです」と、店主の石田恭介さん。産地も絵柄もいろいろ。３００円～５００円とずいぶん安い。

１９８６年に和光市で創業し、大泉学園町を経て、今の店舗に移って7年目。「お子様からお年寄りまで来てもらえる、ごく普通の町の本屋を目指しています」。でも、土門拳、宮武外骨、鶴見和子、寺山修司らの本がやたら目につくわ、「俳句」と「民俗・日本史」の棚が広いわ、しびれる品揃え。永島慎二の原画（４万２０００円）もさりげなく掛かっている。さすが約30年の貫禄――と思いきや、石田さんが突然こんなことを言った。

「日刊ゲンダイさん来られると聞いて、コレ出しときましたよ」

手に、茶色いタブロイド判。なんと日刊ゲンダイの創刊号だった。1975年10月27日発行、40円。表紙に、美女とニヤけたオヤジの顔が合体したようなイラストと、「共産党、中国と和解へ」という見出しが躍っている。

ページをめくると、政権や時流への辛口記事や少々エッチな話題も満載。スポーツ面には「〝長島やめるべし〟のファンの声」。創刊から、今の〝路線〟だったんだ——とリアルに確認。今も続く五木寛之「流されゆく日々」の第1回も発見。文芸雑誌「新潮」への石川達三の連載「流れゆく日々」に対し、「おれなんかその点、流されっぱなしで生きている」から、と、題のキモが書かれていた。

「買いたい」と申し出ると、「2500円だけど、2000円にしてあげるわ」と、石田さんはニコニコ。他に、ついつい『ピストルと荊冠』『日野草城句集』『戦後詩』を購入。「お手持ちの本、ジャンルを問わず喜んで引き取ります」とのことで、次回は売りに来て元を取ろうと、せこいことを考えながら、3冊分合計2600円を支払った。

SHOP DATA
練馬区東大泉1・35・12／西武池袋線大泉学園駅北口から徒歩4分／☎03・5387・3555／10時〜21時（日曜・祝日20時まで）／水曜休

036

沙羅書房《神田神保町》

本物の「おくのほそ道」「学問ノススメ」が

気軽に取材を申し込み、「どうぞ」と二つ返事をもらって訪れたが、驚いた。沙羅書房は、「超」がつく貴重本がわんさかある古書店だ。

江戸から明治期の和本や古地図が並ぶ2階で、待っていてくれたのは、会長の初谷康夫さん。いきなり、「ウチが得意なのは、例えばこういうモノですね」と、茶色い和本2冊を広げた。

『おくのほそ道』と『学問ノススメ』。まじですか、と心の中でつぶやきながら、熟視。「開いてもいいですか」「もちろんです」

ハンカチで手を拭いてから、ページをめくらせていただく。草木の文様が描かれた表紙の『おくのほそ道』は、「月日は百代の過客にして……」と、習ったとおりだ。松尾芭蕉の自筆ではないそうだが、柔かな崩し文字。寛政元年（1789）刊の木版。

『学問ノススメ』は、明朝体のようなカチッとした文字で、「天は人の上に人を造らず、人の下に人を造らず……」。やはり木版。福沢諭吉の単著ではなく、小幡篤次郎（第3代慶應義塾塾長）との共著だったと初めて知る。17冊組の一冊目で、明治6～9年の発行だ。

着物姿の先人が読んだ著名本に触れているのだと感激に浸っていると、初谷さんは「これは北斎。270万円」「こっちは、大名が国攻めの参考にした享保13年の『大日本大絵図』。81万円」と次々と出してきてくれるではないか。

古典籍の古書市場で仕入れ、博物館や大学へ目録販売をしているという。「でも、お申し出いただいたら、どなたにもお見せしますよ。昔は卒論のアドバイスを求めに来る学生が多かったんですがね……」

初谷さんは、昭和31年に栃木から上京。老舗「一誠堂書店」に11年間勤めて独立した。「一誠堂の屋上から寛永寺の鐘の音が聞こえた」「松本清張先生の担当で、風呂敷に本を包んでご用聞きのようにお宅に伺った」「井上靖、山本有三、川端康成、三島由紀夫、吉川英治先生も一誠堂によく来られた」などなど、修業時代の話もたっぷり聞く。

「今日店があるのは、基礎を一誠堂と作家の先生から学んだおかげです」と聞いて、「初谷さんの一代記を書かせてもらえませんか」とお願いしたくなった。

SHOP DATA
千代田区神田神保町1・32／地下鉄各線神保町駅A5出口から徒歩2分／☎03・3219・0470 10時～18時／日曜・祝日休

037 コンコ堂《阿佐ヶ谷》

「音楽と文学」他オールジャンルの町の古書店

店内に入って、「端正」の二文字が頭に浮かんだ。天井が高く、壁は白。棚板が本のサイズにぴったりの木の本棚に〝身だしなみが整った〟ような古本がずらりと並ぶ。開高健『夏の闇』『男がいた』の面陳列が目にとまったあと、棚の上を見上げると、歴史学者・網野善彦や仏教民俗学・五来重の全集が壁紙のように並んでいる。

「力を入れているのは、文学や音楽の本ですが、オールジャンルの町の本屋です」と、店主・天野智行さんが、化学雑巾で本を拭きながら言う。扱う一冊一冊に、〝愛〟が注入されているのだ。

音楽の棚は、ジャズ、クラシック、ロックに大きく分類され、クラシックの棚に武満徹の関係書が多数。ロックの棚では『日本ロック写真史』という大型本とも目が合う。「もともとレコード屋に勤めてたので」とのことで、履歴を聞きたくなる。「レコード屋の次に、図書館でアルバイト。司書の資格も取ったけど、信じられないほど給料が安くて、お客としてよく行っていた『音羽館』から『ウチに来ない？』と言われ、社員になって……」

『西荻窪の古本屋さん』という本も出している「古書　音羽館」の流れをひいた本屋さんだったのだ。に時を過ごしているうちに、2011年に開店。絵本も漫画も、食や旅など暮らし周りの本も、文学青年らが必ずと言っていいほど愛読書に挙げる木山捷平、島村利正、上林暁らの本もある。若いお客さんたちがそれらをひっきりなしに買い上げていく光景に、世に言われる読書離れなど、どこ吹く風といった感じだ。

「訃報が出たら、思い出したかのようにその人の本が動くんです。大きな書店が作る『追悼コーナー』をウチは作らないのに。赤瀬川原平さんが亡くなった時も、びっくりするほど売れました」

店内には、阿川弘之の本も鶴見俊介の本も潜んでいる。レジの近くには、田中小実昌の自筆原稿があった。『郵便配達は二度ベルを鳴らす』（ジェームス・M・ケイン著）のあとがき（9枚組、税込み4万円）だそう。丸いがきっちりした鉛筆文字だ。

この日、私は武田百合子『富士日記』を購入した。同じ買うなら、こういう店で買いたかったから。

SHOP DATA 杉並区阿佐谷北2・38・22　キリンヤビル1階／JR中央線阿佐ヶ谷駅から徒歩5分／☎03・5356・7283／12時〜22時、火曜休

038 KAIDO books & coffee《北品川》

「背表紙を見て、日本中を旅してください」のブックカフェ

「品川宿」の町づくりに取り組む若者たちが、旅と街道が専門のブックカフェを北品川にオープンした――という情報が飛び込んできた。もしや、以前に取材した強烈な古書店「街道文庫」がらみ？　と思ったら、やはりそうだった。

「ハイ、協力することになりまして」と街道文庫店主の田中義巳さん。30代で「ジャーニーラン（名所に立ち寄る走り旅）」にハマり、100街道以上を制覇。「全国の街道を行き交った人、モノ、文化」に関する本を4万冊も集めて、2011年に同文庫を開いた人だ。同好の人達の情報交換の場にもなっていたが、いかんせん本が多すぎて店がぎゅうぎゅう。「街道文庫から、取っつきやすい本を8000冊選んでブックカフェへ運んできました」

樹齢1000年以上のヒノキで作ったテーブルが配された店内はすっきり、しゃれている。訪問時は1階に『水引アート　結道入門』『塩の道　秋葉街道』などの本が並ぶ企画展示「長野県飯田市」と、『幕末品川台場始末』『品川宿遊里三代』など地元・品川関連本が集められたコーナーがあった。

店長の佐藤亮太さんに「全国のロースター（焙煎業者）から仕入れたスペシャルティコーヒーです」と聞いたコーヒー（480円）を注文して2階に上がると、「背表紙を見て、日本中を旅できる」スペース。北海道から九州まで順に歴代の地誌や街道歩きの手引書、味の本がずらり。兵庫県の棚に『城崎物語』を見つけてびっくりした。以前、城崎温泉に取材に行った時、現地の本屋さんで取り寄せてもらったレア本だったからだ。東京の棚には、先般神保町を回り回って見つけた永井龍男「東京の横丁」も発見。うれしくなる。

香り高いコーヒーを楽しみながら、「とっておきの本を見せてください」と頼む。田中さんが取り出したのは、74年刊の『今昔東海道独案内』（今井金吾著、日本交通公社）だった。「東海道の、一番古い案内」とのことで、当時の沿道の写真と地図が満載。「すでに無くなった景色や、今もある建物をチェックしながら歩くと面白いですよ」

江戸を起点に、宇都宮から津軽まで続く日本最長の奥州街道を隈なく紹介した、秋田・無明舎刊の『奥州街道』もぱらぱらめくり、居ながら「歩く旅」をしている気分になった。各本とも値付けは安め。読むもよし、買うもよしの店だ。

SHOP DATA 品川区北品川2・3・7　丸屋ビル／京急本線新馬場駅から徒歩5分／☎03・6404・6388／10時〜22時／火曜休

039 ブンケン・ロック・サイド《神田神保町》

「ロックとアイドル」の雑誌が3万冊

靖国通り沿いの路面店。真っ赤に白抜き文字で店名と「ロック　アイドル　サブ・カルチャー」と書かれた看板が目印だ。

店内に入り、まず表紙が目に飛び込んできたのは「POPEYE」の1976年の創刊号(1万5000円=税込み、以下同じ)。水兵服姿のポパイが片目をつむっているイラストだ。その上に「an・an」と「non-no」のやはり創刊号で70年刊。どちらも外国人モデルが表紙だ。棚に「平凡パンチ」や「週刊プレイボーイ」のバックナンバーが創刊号から揃っている、と感心するばかりか、「フライデー」も「ザ・テレビジョン」も。いやいや、ありとあらゆる雑誌がずらり。「ヤング・ギター」だの「ロッキング・オン」だの、音楽雑誌も山のように。合間に「岡田奈々写真集」(2万1600円)、「河合奈保子ファンクラブ会報」(3000円)なども。

「新大塚で父が俳句と現代文学の古書店をやっていたのですが、92年に継いでから、当時珍しかったロックとアイドル路線に変えました」と、山田玲子さん。薄紫色のロングヘアでへビメタ・ファッションに身を包み「私自身の〝ど真ん中〟はこっち」と、「キッス」「ピンクフロイド」などの写真集の棚を指すが、物腰穏やかな女性店主だ。

在庫3万冊。「お家の人に『もういい加減にして』と言われ(笑)、かつて集めた雑誌を持ち込んでくるケースが多いみたい」だが、手放した雑誌を再び買う人も少なくない。人気御三家の「山口百恵、キャンディーズ、ピンクレディー」が載る雑誌は常に動くという。

店の奥の一角へ足を踏み入れると、「父の店の時代の片鱗」とのことで、俳句や文学書が。さらに、官能系の本の棚があった。

「音楽から派生したジャンルです」って、その因果関係が私にはよく分からないが、団鬼六、宇能鴻一郎、由紀かほる、千草忠夫らの著作がたっぷり。フランス書院文庫の絶版本も揃い、館淳一著『闇から来た猟人』と結城彩雨著『人妻美肉狩り』が人気だと教えてくれた。

さて。雑誌の棚に戻って「フォーク」のコーナーから、72年の刊行本『あの頃のうた　あの時のうた』(1500円)を購入。

SHOP DATA
千代田区神田神保町2・3／地下鉄各線神保町駅A6出口から徒歩1分／☎03・3511・8226／10時30分～19時30分(日曜・祝日11時～19時)／年末年始休

040

金井書店《目白》

井上光晴、田宮虎彦ら作家の「署名入り」本500冊がずらり

文芸、工芸、建築などの古書を得意とした八重洲の「R.S.Books」が閉店し、残念がっていた矢先だった。目白駅近くで、同書店の〝親元〟であるこの店「金井書店」を見つけたのは。「R.S.Books」とは似て非なる品揃えだ。入り口近くで『宝塚歌劇の60年』『町並み・家並み事典』と目が合う。『江戸小咄』『小さん落語集』など落語関係の本もどっさり。骨董のテーブルもあり、お店の歴史が詰まっているように見受ける。

「昭和4年に母方の祖父が創業し、私が3代目です」と、店主の花井敏夫さん。

かつては「目白文化村」と呼ばれた近隣で貴重本を買い取り、店での販売と共に、古書市場を介して本郷や神保町の古書店に供給する役目を担っていた。

しかし、ネットの影響等で古書の流通が変わり、近年は買取りを中心に営業。この7〜8年はこの店を閉めていたが、2015年8月に再開店した。そんな話を聞いてから、店内を一回りし、「あっ」と思った。

背に「署名入」と記した本が500冊近く並ぶコーナーがあったのだ。村上龍、井上光晴、田宮虎彦、牧羊子、秋山ちえ子、村上龍……。署名はみな達筆だ。出久根達郎『紙の爆弾』（売値1800円＝税込み、以下同じ）には「たまきはる命なりけり」、柳美里『8月の果て』（1800円）には「生と死が交差するその瞬間の先へ」との一筆も書かれている。

「村上春樹の署名だと数万円プラスになるんですが（笑）。以前、三島由紀夫が『村松剛様』と自著を献本した本が出て、思わぬ発見もありました」

そういった本は、やはり目白近辺で買い取りした中から出るのだろうか。

「さまざまです。青森県二戸《にのへ》で私設図書館を構想していた方が亡くなり、20トントラックで持ち帰ったことも。ご近所のお宅で、麹町のお屋敷の青焼き図面を見つけ、神戸の異人館を設計したドイツ人建築家が担当したものだったこともありました」

この仕事が面白いのは、買い取り先でここの住人は何をしていた方かと考え、何を見つけ出せるかだと花井さん。先般の再開店にあたって飲食業界から家業に戻った子息の達郎さんが、傍らで真摯な面持ちで聞いていたのも印象的だった。

SHOP DATA 新宿区下落合3-20-2／山手線目白駅から徒歩5分／☎03・3951・2888／不定休（出張買い取りで留守にすることも多いので、予め電話の上、来店を）

041

甘夏書店《向島》

靴を脱いで階段を上がった6畳間が本屋さん

築80年の一軒家で、1階がiKKA《いっか》」というカフェ。靴を脱いで階段を上がると、2階の6畳の間が「甘夏書店」だ。店主・大山朱実さんが迎えてくれた。

「2014年の4月に始めたばかりの、小さな小さな店ですが（笑）、ゆっくりしていってください」

2000冊くらいだろうか。低い本棚に『「辻留」辻嘉一献立帳』、『象牙の箸』（邱永漢）など食にまつわる文庫本あり、『江戸っ子』（加太こうじ）『生きている江戸ことば』（林えり子）」など江戸・東京関係の単行本あり。絵本も多い。押入れには、保育社カラーブックスやちくま文庫が顔を出している。

「今の季節に読みたい、心にしみる食の本や詩集、この街に似合う本を置いているんです」

ここ向島は、吉行淳之介の『原色の街』の舞台にもなった、かつての赤線地帯。「鳩の街」と呼ばれたこの地に遊びに来るだけでなく、付近に住んだ作家・文人も多かったという。

「幸田露伴・幸田文、森鷗外、辻征夫、堀辰雄らがいました。幸田文は『不便だが、蒸気船が通る川が好き』みたいに、『ふるさと隅田川』という本に書いていたはず。うろ覚えですけど」と聞いて、本棚をしっかり見ると、名前の挙がった作家たちの本が幾冊も。

大山さんは不動産関係の雑誌を出す出版社に勤めていた頃から本を集めだし、「一箱古本市」やネット販売を経て、この店を開いたのだそう。

さて、次に目にとまったのはA5判のリトルプレスの数々だ。我が地元・大阪のレトロなビル「味園《みその》」を特集している「月刊ビル」は見覚えがあったが、「シリエトクノート」「しのそのへ」と舌を噛みそうなタイトルのものは初見。

「『シリエトク』は、アイヌ語で知床のことなんですって。『しのその』は『市の園』の意味で、市営の施設を日常感にまみれて紹介しているものです」

開くと、面白いのなんのって。「シリエトクノート」には、大正時代の斜里の町の写真が、「しのその6号」には岩手県の「牛の博物館」とやらの解説も。

「バラバラだけど、ウチに置いてるのはみんな〝町歩き〟にくくれる本なんですね」と大山さん。友人の上に来たような気分で、大山さんと一緒に〝紙上町歩き〟を楽しんだ。

SHOP DATA
墨田区向島3-6-5　iKKA2階／地下鉄各線押上駅A3出口から徒歩10分／☎090・9855・3527／12時～18時／火曜・第1水曜休／店主の在店は月・金・土曜

042

アトリエ・ローゼンホルツ《市川》

元銭湯の建物がブックカフェに再生

　車一台がやっと通れる幅の住宅街の道路を歩いて行くと、立て看板があった。そこから私有地っぽい路地を入ったところに佇む、古びた大きな建物が「アトリエ・ローゼンホルツ」だった。

　文庫本が並ぶ三和土を通って、ガラス戸を開けると、「どうぞお上りになってください」と店主・佐藤真里さんの明るい声が聞こえた。いやあ驚いたのなんのって。広い！　昔のおそらく8畳間2室をぶち抜いた空間あり、2箇所の階段から別々の二階あり。不思議な造りの一軒家のあちこちにエッセーや小説、京都や韓国を中心とした旅行本、リトルプレス、暮らしの本などなどが置かれ、テーブルも点在していた。壁には鮮やかな色調の油絵が盛りだくさん。

「夫の祖父母が昭和初期から営んでいた銭湯だったんです。昭和50年代にやめてから倉庫になっていましたが、床が傷みだし、取り壊すより修繕を……と2006年頃からやっているうちにブックカフェになっちゃいました。油絵は、90歳の義母が50歳から描き始めたものです」

老舗古書店に勤める夫に「あなたは好きな本を買い続けたら」と言われたとか。並ぶのは、佐藤さんの私的フィルターを通した本ばかりなのだ。猫の本が多い、武田花や池内紀もたっぷりある……と眺めているうちに長田弘の詩集が多いことにも気づいた。そして、「ポッカリ月が出ましたら」（キョンナム著、三五館）に再会する。80年代に読み、著者の大らかな人となりに感動を覚えたのに、いつしか行方不明になったエッセーだ。さっそく握りしめる。

「その本は、石川県の水野スウさんが、送って来られたの。こうやって次の人の手に届けられるのは、すごくうれしいです」

「水野スウさんって？」

「お家で『紅茶の時間』を主宰してらして、『ほめ言葉のシャワー』という本が人気の方」

と聞いて興味津々に。

お手製の体にやさしい日替わり定食（1000円）をいただきながら、次第に佐藤さんの世界に引き込まれていく。店内では、ヨガや書道、薬膳などの教室も開かれている。◦◦

SHOP DATA 市川市真間2・2・12／JR市川駅から徒歩10分、京成市川真間駅から徒歩5分／☎090・1808・8911／火、水、木、第1・2日曜の10時～17時営業

043

書肆逆光《八丁堀》

「ジャケ買い」したくなる凝った装丁の古本

 やや急な階段を上がった古いビルの2階。「看板出てないんですね」と言うと、「これ作ったら、看板を作る予算がなくなっちゃいまして」と、素晴らしい風合いの紙に活版印刷した名刺を手に、店主・鈴木学さんが笑った。作り付けの木の本棚に色褪《あ》せた本6割、白い本4割。年代物のテーブルに、五徳など骨董も点々と置かれ、時間が止まったような趣きがある。

「新刊書店に勤めていたのですが、いい本は得てして売れないもの。会社からは『売れる本の棚を作りなさい』と言われるから〝ただの並べ係〟にならざるを得ないでしょ。古本であれば、好きな本を仕入れられると、2014年の5月に始めました」

井伏鱒二、上林暁、種村季弘、山田風太郎、中井英夫らの本が目立つ中、背表紙に黄色やブルーの鮮やかなタイトル文字『別れる理由』が躍る3巻が目に飛び込んできた。80年代に「とても読みにくい」と大いに話題になった記憶がある、小島信夫の長編だ。

「このような本が、鈴木さんの好みなんですね?」

「はい。僕は〝ジャケ買い〟です。ここに来るお客さんも、内容に興味はないけど装丁がたまらないからとジャケ買いしていく方が、結構いらっしゃいます」と聞いて、その〝目〟で見れば合点がいく。表紙のみならず、開いたページの意匠が凝りに凝った本ばかりなのだ。

特にすごいのが、300冊ばかり並ぶ詩集や句集。著者の思いの丈が、本全体の佇まいに表れているに違いない。たとえば鈴木六林男《むりお》の句集『国境』（昭和52年、湯川書房刊、売値2000円）は、クリーム色の紙、活版文字、上揃えで余白の多いレイアウトが相まって芸術品の域。

「鈴木六林男は、アララギ派とかじゃなくて、前衛から俳句を始めた人。その句集には、塚本邦雄が解説を書いていています」

鈴木さん、「ジャケ買い」と謙遜（?）したけど、やっぱり読んでいるんだ——と心でつぶやく。塚本邦雄は寺山修司、岡井隆と共に「前衛短歌の三雄」と言われた歌人だ。同じ棚に『雪月花』『稀なる夢』『幻想紀行』など塚本邦雄の、これまた素晴らしい装丁の本が整列している。私は先述の『国境』をいったん棚に戻したものの、どうしても持ち帰りたくなって購入。ジャケ買いしてしまったのだった。

SHOP DATA 中央区八丁堀2-3-3 2階／都営浅草線宝町駅から徒歩4分、銀座線京橋駅・日比谷線八丁堀駅から徒歩6分／☎03・6280・3800／12時〜19時／日曜休

044

書肆 高山本店《神田神保町》

定年後、謡を始める男性が増えている

神保町交差点からすぐ。入り口で「創業 明治八年」と書いた木の看板が目にとまる。右手に能や歌舞伎などの古典、左手に料理、武道などの本が並ぶ店内をさくっと拝見。

「140年も続く老舗なんですね」と、4代目だという店主・髙山肇さんに水を向けた。

「創業の地は九州の久留米で、神保町に来たのは明治30年代です。当時、神保町にあった本屋は75軒とも95軒とも。明治30年代の地図にウチも載っています」

神保町はたびたび火災に見舞われたが、日本文学の研究者でハーバード大教授などを歴任したセルゲイ・エリセーエフがマッカーサーに進言したため、爆撃に遭わなかった……。そんな神保町の歴史も教えてもらってから、さて、店内をゆっくり再見。

『歌舞伎入門』『近松からの出発』『役者の伝説』等々に、私は門外漢だが、歌舞伎好きの友人たちの顔が浮かぶ。「歌舞伎は見てナンボですが（笑）、自分でできるのは謡《うたい》でしょう？定年後に謡を始める男性が近頃増えていますよ」と髙山さん。

「杜若《かきつばた》」「芭蕉」「邯鄲《かんたん》」など和綴じの謡本（楽譜）が、なんと1万冊近く積まれていた。新刊の約半額（1000円〜1500円）での販売だ。

店内左手に進むと、剣道、空手、合気道、居合、柔道、薙刀《なぎなた》、忍術などの指南書や論考書。昭和23年発行の『少年少女時代小説　宮本武蔵』も、宇城憲治や大山倍達の新刊書も並んでいる。

「新刊書も、定価より少し安く販売しています。武道の本を買いに来るのは、外国人が多いんですよ。この間もオランダ人格闘家がごそっと買っていきました」とは、5代目・髙山剛一さん。

そして、あと一つのジャンル、料理の本の棚へ。『たべもの語源辞典』『フランス料理は進化する』など、うんちく本が多い模様。前のめりになって見入り、「独特の造詣が表現されています」とすすめられた辻静雄著『ワインの本』（新潮文庫・絶版、売値1200円）を購入した。

取材中に4代目髙山さんが何気なく口にした「我々は、間口が狭く、奥が深い商売なんです」と言う言葉に頷きながら、老舗を後にした。

SHOP DATA 千代田区神田神保町2-3　神田古書センタービル1階／地下鉄各線神保町駅A6出口からすぐ／☎03・3261・2661／10時〜19時（日曜・祭日11時〜18時）／無休

045

SO BOOKS（ソ ブックス）《代々木公園》

ユージン・スミス賞受賞、岡原功祐の息をのむドキュメント写真も

店内に入ると、木が放つ良い香りに包まれた。

「あ、そうですか。本棚、合板ですけど、ニスとか塗らなかったので」と、店主の小笠原郁夫さん。天井まで続く本棚に、写真集がぎっしり並ぶ。すぐに目に入ったのは、マン・レイ、ブラッサイ、ドアノー、ロバート・キャパらの写真集。ファッション写真も報道写真も？ と推察しながら進むと『連合赤軍〝狼〟たちの時代』（毎日新聞社）や『写真記録ベトナム戦争』（石川文洋、金曜日）も見つける。硬派だ。

「例えば報道系の写真の中にも、シリアスも日常もあるでしょう？ ジャンルを絞り込んではいけないと思っています」

カメラが趣味だったのが伏線。ネット書店を運営したのち、古書も新刊も置くこの店を開いて6年になるそうだ。「スペシャルな一冊を見せてください」と言うと、脚立に上って本棚の高い位置から本を取り出そうとしてくれた小笠原さんだが、1冊に絞れないもよう。そうこうするうち、私は、店内中央のガラス台の上に積まれた薄い写真集に、目が釘付けになった。それは『Any given day』というタイトルで、限定500部とある。1200円。ページをめくると、緊迫感漂う人や室内外の光景が写ったコンタクトシートがずらり。

「岡原功祐がコロンビアの麻薬取引の町メデジンで何年も交渉して、ギャングに許可を得て撮ったものです」と小笠原さん。血痕や納体袋が映った凄まじいシーンもあった。

「岡原さんはパリを拠点に活動するドキュメント系の写真家。ユージン・スミス賞フェローシップなど世界的な賞を受賞していますが、日本ではあまり知られていないんです」

「岡原さんには他にこんな作品も」と小笠原さんが見せてくれるものが、次々と強烈だ。中米からアメリカに密入国する人たちを撮った『Almost Paradise』（3万円）。柱と階段だけとなった建物が波打ち際にぽつんと残る光景が表紙の『Fukushima Fragments』（=残1部。東京都写真美術館の購入が決まっている）。そして圧巻は、桐箱入り『消逝的世界』（限定10部、12万円）。和紙の巻物に、山奥の地の老人たちが写っている。

「中国政府が隠したがっている、ハンセン病の人たちを今なお隔離した村です」。息をのんで見入らずにはいられない。大手書店には流通しない、写真集が潜んでいるのだ。

SHOP DATA 渋谷区上原1・47・5・1F／小田急線代々木八幡駅・地下鉄千代田線代々木公園駅から徒歩2分／☎03・6416・8299／13時〜19時／日曜・月曜休み

046

古書サンカクヤマ《高円寺》

「アウトサイダーに興味」と若い女性店主

高円寺駅から歩いてきた庚申通りは、手作りパン屋さんやリサイクルショップなどが並び、おもちゃ箱をひっくり返したようで楽しかったが、この本屋さんの中も同じくだ。

入り口近くに、上高地だの岡山城だの観光地の写真がパッケージになった「チェリー」や「ハイライト」など70年代のタバコ（売値200円）。カラフルなフィギュアや、へんてこなぬいぐるみも並んでいる。本が山と積まれたレジから、外国人客に「小銭ない？　じゃあおまけしときます」という、かわいい声も聞こえてきた。

「古書サンカクヤマ」は、今年2月に開店したばかり。かわいい声の主が、店主・粟生田由《あそうだゆ》布子《うこ》さんだった。店名の由来は？

「子どもの頃の占い好きから入って、魔女狩りにも興味を持って。阻害・差別される側、アウトサイダーって山と切り離せないでしょ。そういうジャンルの本が好きで」

シブい。サブカル、日本文学などの棚に目を泳がせた後、民俗学や宗教、オカルト系の本がたっぷりの棚を見つけた。

『日本人の宗教と庶民信仰』『梅原猛の授業　仏教』『世界の魔術・魔法大全』……。

「あなたが一番影響を受けた本は?」と聞いてみると、「ちくま学芸文庫から出ている赤松啓介さんの『夜這いの民俗学・夜這いの性愛論』『差別の民俗学』の2冊です」と即答。

若さ、かわいさとのギャップに少々驚くが、北海道・富良野の出身で、アート系で知られる書店「ユトレヒト」で串田孫一の本に出会って古本の虜《とりこ》になり、吉祥寺の「古本よみた屋」で6年間修業して独立したと聞き、なんとなく腑に落ちる。

「開業資金を借りるのに、既婚の方が信用あるかなと思い、結婚しました」と余談もサービスしてくれる。

訪問中、「買ってもらえますか」と、紙袋を2つ下げた男性（67歳）が現れた。粟生田さんは、紙袋から渡辺裕之著『傭兵代理店』の文庫シリーズや花村萬月、大沢在昌の本など59冊をにこにこと取り出し、「面白かったです?」と聞きながら、素早く値付けしていく。「全部で2980円ですが、いいですか」。「もちろん」と返した男性は、「このお金で、今日は焼き鳥を食べにいこう」と満足げに笑った。

SHOP DATA
杉並区高円寺北3・44・24／JR中央線高円寺駅から徒歩15分／☎03・5364・9892／12時〜21時／水曜休

047

フォスフォレッセンス《三鷹》

「ダンディな太宰に惚れ込み、ゆかりの地・三鷹に越してきました」

桜並木の道に面した5・5坪の古書店。「太宰治好きの女性がやっている」と聞いてやってきた。「ええ。学生時代に図書館で『バー・ルパン』で写ったダンディな太宰の写真を見て一目惚れして以来、ファンになって」と、店主・駄場《だば》みゆきさん。大阪出身で大学は京都。卒業後、京都の書店に勤めたが、桜桃忌（太宰の遺体が発見された日）に毎年三鷹へ。「太宰が暮らしたこの街が好きになって越してきて、2002年に本屋を開いちゃいました」

店内中央の、曰く「太宰棚」に、『津軽』『人間失格』などなど太宰の小説あり、『太宰治をどう読むか』『太宰と安吾』など読み方指南の本あり。

「これは『暮しの手帖』の花森さんの初期のデザインです」と、太宰の愛人の一人だった太田静子著・昭和23年刊『斜陽日記』、「旧居跡や仕事部屋跡などゆかりの地を網羅しているのはこれ」と「太宰マップ」（みたか太宰の会・小船井美那子／島田怜子著、ぶんしん出版、380円）を見せてくれる。

さらに「そうだ、レア本があった」と、カウンター奥から「鷭《ばん》」という名の雑誌を取り出してきた。昭和9年刊の立派な文芸誌。目次に、室生犀星や佐藤春夫らと共に、太宰の名があり、短編「葉」を寄稿している。ページを開こうとして、あれれ？　何ページかずつ袋状のままだ。乱丁？「いえいえ、アンカットです」。ペーパーナイフで小口切りして読む「アンカット本」と言い、昭和初期には珍しくなかったと、初めて知った。

「ピース又吉が太宰ファンでしたよね」

「おかげで、露骨に（笑）お客さんが増えました」

「愛人と入水自殺したのは何歳の時だったんですか」

「39歳ですよ」

「太宰棚」の近くに、小さなテーブルが3つ。お茶もできる。コーヒーを飲んでいた女性が「〝だめんず〟で短命だったから、太宰なんですよ。中島みゆきが幸せな結婚をしていたら中島みゆきでないのと同じ」と話の輪に加わり、笑った。

店内には、一段丸ごと庄野潤三の棚があるほか、井上光晴、檀一雄らの本も目立つ。「友人の部屋を覗く感覚で、気軽に遊びに来てくださいね」

SHOP DATA　三鷹市上連雀8・4・1／JR三鷹駅からバス6分、三鷹警察署前下車すぐ／☎0422・46・1004／12時〜19時／火・水曜休

048

双子のライオン堂《赤坂》

20人の作家らが「選書」した本が並ぶ

本の表紙をイメージしているという、ブルーの大きなドアを開ける。フレッシュな木の香りが漂う10坪ほどの空間に、新刊も古書も整然と並んでいた。にこやかに迎えてくれた店主の竹田信弥さんが若そう！　と思ったら、29歳だった。

「でも、ネット販売を始めたのは高校生の時なので、本の世界に入ってもう10年以上になります」店内を拝見。木の本棚に、辻原登、東浩紀、長谷川櫂、山城むつみ、海猫沢めろんなど20個ほどのインデックスがついている。小説家、俳人、評論家……。

「学生時代に教わった先生や、好きな作家さんらに『影響を受けた本を選んでください』とお願いしたんです」

曰く「選書専門店」。辻原登さんのコーナーに『バートン版　千夜一夜物語』や『李白詩選』、文芸評論家の山城むつみさんのコーナーに内田百閒の『冥途』や司馬遼太郎の『国盗り物語』。作家らの〝頭の中〟を覗き見しちゃうようで、面白い。ミシマ社社長の三島邦弘さんが吉田秋生のコミック『海街diary』も選んでいる。

「ところであなたは相当読んでる方ですね、きっと」と水を向けると、「高校受験の国語の読解問題で太宰治や三島由紀夫を読んだのをきっかけに小説が好きになったんです」。竹田さんの目が一気に輝いた。実は、自身も小説家を目指していると、寄稿する同人誌「綴」を見せてくれる。今どき〝紙の同人誌〟？　と思った私は認識不足だった。「全国の同人誌が一堂に会する『文学フリマ東京』が毎年5月と11月に体育館のような広い会場で開かれ、出展してますが、すごい熱気ですよ」って、そんな世界もあるんだ。

竹田さんは、IT企業勤めを経て、2013年に文京区白山でリアル本屋を開店。ここ赤坂へは2015年10月に移転した。

「いい本を守っていきたいんです」

一隅に、本や書店の関連本もずらり。この日、私はその中から、新書判の『日経プレミアプラス　人は本棚で決まる特集』を300円で購入した。

店内で、読書会も定期開催している。暗いと言われがちな文芸界の未来に、新風を吹き込む店だ。

SHOP DATA 港区赤坂6・5・21／地下鉄千代田線赤坂駅から徒歩4分／☎050・5276・8693／15時〜21時／日・月・火曜休

049

呂古書房《神田神保町》

虫眼鏡で見る？　わずか5ミリ×5ミリの「豆本」

豆本がこんなにも多種多様だとは知らなかった。

「聖書を持ち運ぶのに便利だから始まったようです。日本ではひな祭りの段飾りの箪笥に入れた『ひな絵本』も豆本です。文庫本の半分以下のサイズを指し、世界の出版社が小さく作る技術を競ってきました」と、店主の西尾浩子さん。日本随一の豆本専門書店だ。

まず、見せてもらったのが、なんと5・5ミリ×5・5ミリの豆本。タイトルは『愛の言葉』（1万5000円）。革製、金箔《きんぱく》押しと豪華で、ちゃんとページをめくることができる。文字はまったく読めない。拡大鏡が付いている。「西ドイツ（当時）のグーテンベルク博物館が1958年に改修資金調達のために発行したものです」

思わず「ドイツすごいですね」と言うと、西尾さんがさらに小さな豆本を差し出し、「これは凸版印刷が1965年に発行したものですよ」と、にこりとした。日本もすごいのだ。5ミリ×5ミリの『聖書・モーゼの創世記』（2万円）。なんと緻密なんだろう。点にしか見えない文字を解読するための副本付きである。

その次に紹介された『王貞治』（山田佐智夫著、創作豆本工房刊、3万円）が大きく見えてしまう。25ミリ×26ミリと、十分小さいのだけど。「豆本は装丁の贅沢さを楽しむものなんですね」との仰せに、いたく納得。

全国各地に豆本の版元があり、ご当地豆本が出ている。芥川龍之介、谷崎潤一郎、宮尾登美子ら有名作家の人気作品も豆本になっている。どうにもこうにも足が止まってしまったのが、武井武雄のコーナー。

武井武雄は、戦前の児童雑誌「コドモノクニ」の装画でも知られる童画家。幾何学的な描線の木版画が表紙になった独特の〝武井ワールド〟が広がっていたのだ。『紫の眼鏡』（1万円）、『乞食の本』（3万6000円）など本自体を芸術作品ととらえた「刊本」の数々だ。「私も武井先生が大好きなんです。通算139冊が制作され、『友の会』の人に限定配本されたんですが、ウチにはすべてが揃っています」と西尾さんの声が弾んだ。

1993年に、神保町で初めての独立開業女性店主の店としてオープン。店内には、児童書や版画挿絵本の棚もある。

SHOP DATA 千代田区神田神保町1・1　倉田ビル4階／地下鉄各線神保町駅から徒歩4分／☎03・3292・6500／10時30分～18時30分／日曜・祝日休

050

古書ドリス《深川》

摩訶不思議だけど面白い幻想アート

最寄りは森下駅だが、清澄白河駅からも東京都現代美術館からも徒歩圏内。近頃、ギャラリーやこだわりの飲食店が増えた深川エリアに、2012年、徳島県から移転オープンした。「徳島の時は、趣味で集めていた幻想アートやエロティシズム、シュールレアリズム関係の本が多かったんですが、こちらに来てから人文全般に広がってきました」と、店主の喜多義治さん。15坪の店内は、ヒップホップ音楽が控えめにかかる。

まず『下着アヴァンギャルドの肖像』『不思議サーカス』『前衛下着道―鴨居羊子とその時代』に目がとまり、マニアックだなと思ったが、レトロな資生堂石鹼《せっけん》の缶の中に1枚100円のシュールな絵柄のカードが入っていたり、市外局番がない時代の飲食店のショップカードやマッチ箱の表面を貼った『和紙燐票見本帖』があったり。壁際の下段には『遊女風俗姿細見』『お江戸吉原草子』など色街のくくりの本も多々並んでいる。

店の奥にガラスケースが一つ。中に、裸の白い人形が腰掛けていた。「球体関節人形作家・槙宮サイさんがウチの店のために作ってくれたもので、非売品です」

奇妙な形になぜか惹かれるな、とひとりごちた先に、この店の真骨頂、幻想美術の棚があった。

『ハンス・ベルメール写真集』（84年　リブロポート刊　売値1万2000円）を開いて、人間のような物体のような球体関節人形の不思議な形にギクッとし、丸尾末広のコミック『笑う吸血鬼』をめぐって主人公の少年と少女の美しさにドキドキしたのは序の口。「珍しいのを見せてください」と言った私に、喜多さんが差し出した『ヘンリー・ダーガー　非現実の王国で』（2000年　作品社刊　小出由紀子訳　売値5800円）の絵にのめりこんだ。

妖精や動物も登場する、7人の少女戦士が主人公の摩訶不思議なワールド。その少女たちに男性器がちょこんと付いているではないか。

「生身の女性を知らなかったからとも知的障害があったからとも言われていますが」と喜多さん。ヘンリー・ダーガーは、10年も自室にひきこもって妄想だけで描き続けたアメリカ人で、死ぬ直前に大量に発見された絵なのだという。私には遠いと思っていた幻想アートの世界が、この本に出会ったおかげで、急に近づいてきた。

SHOP DATA　江東区森下2-10-2　パークロダン101／都営大江戸線、都営新宿線森下駅から徒歩2分／☎03・6666・9865／12時～20時／水曜休

051

けやき書店《神田神保町》

漱石から安吾、春樹まで近現代文学作家の初版本が揃う

靖国通り沿いの小ぶりなビルの6階。エレベーターを降りると、小高い本の山に迎えられた。パラフィン紙にくるまれた本がぎっしり。神保町を凝縮したような古書店だ。

「漱石から春樹まで、近現代の作家の初版本、署名本を中心に揃えています」と店主の佐古田亮介さん。老舗・一誠堂書店に13年9カ月勤め、独立開業して29年になるという。

坂口安吾、太宰治、織田作之助の本が多いなぁ、とまず足が止まる。「無頼派。奔放に生きた作家たちですよね？」とぼそぼそ言うと、佐古田さんはちょっと違うという顔をした。

そして「たとえば、安吾の『堕落論』はこんなふうに」と、書棚から昭和22年初版、銀座出版社、売値6480円（＝税込み、以下同じ）の同書を取り出した。

最初と最後のページを開き、「半年のうちに世相は変った……若者達は花と散ったが、同じ彼等が生き残って闇屋となる」「……人間だから堕ちるのであり、生きているから堕ちるだけだ」とそらんじるように読み上げてくれる。私は思わず「現在のことみたいですね」と。

佐古田さんはにっこりし、「普遍的な真理でしょう？　無頼派とは真摯な姿勢を貫いて作品を書いた作家のことですね。放蕩とか薬漬けとかというのは、マスコミが面白がって書き立てたんだと思います」

高校時代から安吾を読んできたそうだ。安吾が新聞小説『信長』の挿絵家・安西啓明に宛てた自画像の色紙（2枚組、79万3800円）、太平洋戦争勃発日について独自の視点から書いた『真珠』（昭和18年初版、大観堂出版、6万4800円）、表紙カバーにナイフを入れた切り絵の『保久呂天皇』（8640円〜）。お宝をどんどん見せてくれる。皆スゴい値段だ。

しかし、少し移動すると、安部公房、開高健、遠藤周作、中上健次、小川洋子、出久根達郎、高村薫、村上龍らの本が1000円前後から。芥川賞、直木賞受賞作のコーナーだった。「初版本を集めるウチのお客さんは、たぶんスゴい読書家ですね」にうなずく。

「亡くなってからのほうが売れているのが吉村昭。なぜか近頃人気がなくなったのが井伏鱒二と尾崎一雄」

店の奥には、俳句と詩歌の本も幅を占めていた。

SHOP DATA 千代田区神田神保町1-9　ハヤオビル6階／地下鉄各線神保町駅からすぐ／☎03・3291・1479／11時〜19時／日曜・祝日休

052

文林堂書店《新井薬師》

店頭に「本の無いところ　暴力が生まれる」のメッセージ

店頭に「本の無いところ　暴力が生まれる」「戦争とイデオロギー闘争に明け暮れた20世紀が終わり、私たちは21世紀が平和と繁栄の時代かと期待しました。しかし……」と模造紙に手書きしたメッセージが貼られている。癖の強い古書店だと思いながら、店内に入る。天井まで続く棚に、本がびっしり。純文学、大衆小説、幻想小説、ノンフィクション、歴史・思想、映画、科学……。コミック、エロ系も結構多く、硬い系7割、軟らかい系3割か。

奥の帳場にいた店主・海老原豊一さんが「エロティシズムからフィロソフィーまでです」と第一声。「ドストエフスキーをつまみに酒を飲み、軽薄短小に共鳴し、『道理の感覚』を養っていきましょう、とね」と続いた。「道理の感覚」とは、哲学者・天野貞祐の言葉だそう。

やたら目についたのは中上健次、丸山健二、安部公房、大江健三郎、三島由紀夫、スタンダール、カント、キルケゴールら。先日神保町の古書店で1万5000円と聞いた村上春樹『世界の終わりとハードボイルド・ワンダーランド』が潜んでいたので、値段をチェック。え？　2000円？

「時々、狂喜乱舞するお客さんがいます（笑）」

大正5年の創業。店は本郷にあったが、戦後新井薬師へ。海老原さんは4代目だそうだ。

「すごく珍しいものもありますか？」と、へんてこな質問をすると、「明治天皇の筆とされる一点物の書『終始一誠意』」と。値段は「あってないようなものだから、応相談」とのこと。

帳場の横に『のらくろ漫画全集』（田河水泡）『大東亜戦争全史』（服部卓四郎）『リツ子・その愛』（檀一雄）『武州公秘話』（谷崎潤一郎）など茶色びた本が多いもよう。壁面に「静思果敢」と書いた色紙が掛かっていた。

「藤田宜永さんが書いてくれた……」

最初ふらりと現れた藤田さんが再訪し、話し込んでいった。しばらくして「オール讀物」2012年2月号が送られてきた。載っていた藤田さんの短編「探偵・竹花と命の電話」は、この店そっくりの古書店が舞台だったという。それ、読みたい！　品切れ中って、残念。

長居するうち、「僕が（棚から）抜いて渡した本を読んで、自殺を思いとどまったと言いにきた人もいたなあ」なんて話も出てきた。

SHOP DATA　中野区上高田3・41・6／西武新宿線新井薬師駅からすぐ／☎03・3386・1836／13時半頃～21時頃（土・日曜・祝日20時頃まで）／不定休

053

喇《ら》嘛《ま》舎《神田神保町》

現代美術から左翼本、エロ本まで、60年代、70年代のサブカルワールド

区立お茶の水小学校近くのビルの2階。ワンフロアを占める広い店内に、サブカルチャー的な本がぎっしり詰まっている。「すご〜い。むちゃくちゃ大量！」と高ぶった私に、店主・長田《おさだ》俊一さんは「40年くらいやってるので」と泰然自若だ。

「現代美術から左翼本、エロ本まで（笑）。勢いがあった60年代、70年代の本が中心です」

寺山修司、柳原良平、竹中労、今村昌平、漫画雑誌の「ガロ」……。何から手をつけようか。長田さんが「ツゲさんの本、見ます？」とオレンジ色の豆本を取り出した。つげ義春の『猫町紀行』（82年刊、売値3万円）。

「限定600部。仲間と3人で、このときは三輪舎という版元名で作ったんです。つげさんに書き下ろしてもらって」。出版も手がける本屋さんだったのだ（後の版元名は「喇嘛舎」）。

「つげさんとお知り合いですか？」と聞くと「本屋やってると、いろんな人とパイプできるから」とケムに巻かれたが、その目で見ると、貴重なモノが相当潜んでいるもよう。

同行のカメラマンが「あ、石井隆だ」と漏らし、『さみしげな女たち』（石井隆著、83年喇嘛舎刊、3800円）という画集を指した。長田さんが「石井さんは77年に『天使のはらわた』でデビューした映画監督だけど、元は劇画漫画家。線の細い絵をインテリたちが褒めちゃったんだよね」と言えば、カメラマンも「僕も『エロトピア』の表紙を飾ってた石井隆の絵、好きだった」

そんな話を耳に挟みつつ、きょろきょろ。レジ近くに、ザ・フォーク・クルセダーズの「悲しくてやりきれない」のレコードがあった。懐かしい。北山修も加藤和彦もはしだのりひこも若い！「アングラの旗手」というコピーが、ちょっとおかしい。「発売量が多かったから高くできない」そうで、売値は1000円。その横にはザ・タイガース。「明治チョコレートのソノシートです」。500円だ。

さらに、中央公論社から1973年に出ていたという五木寛之さんのLPレコード「風に吹かれて」（5000円）も発見。ギターがソンコ・マージュだとは。聴いてみたいが、ウチにはターンテーブルがない……。

結局、この日は左翼棚から、仕事の資料に「山谷解放」という70年の機関紙を購入。

SHOP DATA 千代田区神田小川町3・16　池久ビル2階／地下鉄各線神保町駅・JR御茶ノ水駅から徒歩6分／☎03・3233・5635／11時〜19時／日曜休

054

古本案内処《中野》

中野の「古本ロード」に2015年オープン。稀少な競馬の洋書も10数冊

中野駅から中野ブロードウェイを抜けて、早稲田通りを右折してすぐ。2015年にオープンした、路面の古書店だ。店頭に文庫本と新書と岩井志麻子の小説やエッセイ10冊ほど。すべて「108円」の大安売りである。その「108円」に足を止め、店に吸い込まれていく人が次から次に。盛況ですねと、レジで店主・川村幸永さんに声をかける。

「今のところは（笑）。『まんだらけ』と『ブックオフ』の中間の〝古本ロード〟に面しているおかげです」

蛍光灯にスチール本棚。「実用本位！」の雰囲気の店内を一巡りする。売値200円前後の文庫が多く、時代小説も雑学うんちく本も教養書も。単行本は、映画、建築、写真、シュール、ノンフィクション、歴史・民俗学、城、江戸・東京、戦記、カメラ、音楽、鉄道……。なんでもありだが、困った。私にずばりのタイプが目白押しで、しかも安いのだ。たとえば、週刊朝日編の『値段の風俗史』シリーズ。4冊で2000円。先日の他の本屋さんでは3000円だった。あと『くいもの―食の語源と博物誌』（小林祥次郎著、勉誠出版）が

500円。さっそく握りしめた。

「18坪に1万8000冊。神田の古書市場に週3日行って仕入れていますが、こういう分野も売れるんじゃないかと目下試し中です」

意外に需要が多いのが、英和はもとより韓国語、イタリア語などの辞書だそう。オメガ（時計）の本を試しに仕入れた時もすぐに売れた。商売だからというより「ニーズにぴたっとハマった」充足感こそ、リアル古書店主の喜び。店売りだけで（通販をせずに）やっていきたい――。高円寺の「都丸書店」と荻窪の「ささま書店」で11年半修業し、独立したそう。

「そうだ。日刊ゲンダイには競馬好きの読者も多いでしょ」と、分厚い洋書を10数冊、レジ奥から取り出してきてくれた。

「LES HIPPODROMES」（フランス、1984年刊、2000円）や、「THE HISTORY OF THOROUGHBRED RACING IN AMERICA」（アメリカ、5000円）など。いずれも、歴代の名馬や競馬場の写真や図版が満載で、絵的にも面白い。「これほど大量に出るのはまずない。かなり稀少です」

SHOP DATA
中野区中野5・50・6／JR・地下鉄東西線中野駅北口から徒歩6分／☎03・3228・1005／11時～21時（月曜19時まで）／無休

055 Roots Books《都立大学》

いつのまにか「ゆるキャラ」の地域店舗に

都立大学駅から目黒通りの方向に向かうと、箒で道路を掃除しているお兄ちゃんがいた。もしや？「Ｒｏｏｔｓ Ｂｏｏｋｓ」の松元太郎さんだった。脇道沿いの店の前に本や雑誌が詰まったラックもワゴンも手押しカートも。窓枠は黄色。ラックは赤。4坪ぽっきりの店だ。

さて、松元さんに話を聞こうとしたら、おばあさんに先を越された。有吉佐和子の文庫本を売りに来て、司馬遼太郎を買われたようで、にここにこと立ち話を延々。

『雑貨屋さんぽ』のような本や、井上ひさし、夢枕獏らが目にとまり、図録や写真集もあるな、エロはないなと棚を眺めていると、松元さんが「お待たせしました」。

「おばあちゃんと仲良しですね」

「ええ。この辺りも、高齢化の波がじわじわ押し寄せています（笑）。7年前に開店した時はこじゃれた洋書を中心に置いていましたが、『少量から買い取りします』ってやっていくうち、テイストが変わってきました。ご年配の方は、時代小説とか菊池寛とか読まれますね」

一方で、30～40代はユニクロや楽天関連などの経済書、ＯＬは村上春樹。はたまたオペラやバレエ、茶道、俳句など、「エレガント系」の本も動くとか。4坪から世相も土地柄も見える！

ニッカーボッカー着用の若者が来店した。松元さん、そちらへ。なんだかんだ喋り、1冊お買い上げ。見送った後、「作業員しながらミュージシャンなんだって。曲作りのインスピレーションが湧く本をお探しで、江國香織をすすめました」

100円とか300円とか、安い値付けの本が多い中、北大路魯山人、芹沢銈介ら、工芸や民芸の豪華本も並んでいた。「珍しいのを見せて」とリクエストすると、アートな法被の写真が満載の大型本を棚からひょいと取り出した。『万祝《まいわい》――黒潮が育てた漁民芸術の華』（売値3500円=税込み）。「漁師さんの晴れ着です。図柄に、風俗が詰まっているでしょう?」。松元さんと一緒にページをめくるうち、興味が湧いてきた。

沢木耕太郎『深夜特急』を読んで18歳から放浪したアメリカで、「自分でできる仕事を」と思ったのが古書店への入り口。自由が丘の「西村文生堂」に7年間勤めて、独立したそう。松元さんの「ゆるキャラ」が光る店だ。

SHOP DATA 取材時と同じテイストで目黒区柿の木坂1-30-16-1階に移転／東急東横線都立大学駅から2分／☎03・3725・6358／11時～21時／雨天の日

056

古本イサド　ととら堂《逗子》

民家まるごと古書店「必死に〝濃く生きる〟ってかっこいい」

逗子へ足をのばした。「一戸建の面白い本屋さんがある」との報が入ったから。

東京駅から1時間ほど。地元の魚介が並ぶ店を覗きながら「銀座通り」を進むと、左手の脇道に「古本イサド　ととら堂」の看板を発見。少々古びた木造の平屋建て一軒家だ。

入り口は狭いが、靴のまま入れるようになっている。手作りの本棚ばかりか鴨居や柱や戸板をうまい具合に利用し、廊下にも奥の二部屋にも本や雑誌がわんさか。

「築40年くらいの元民家です。若いときに大工をかじったので、自分で改装して2012年に開きました」と、店主の木村海さん。

最初に目に付いたのが「暮しの手帖」「メンズクラブ」「キンダーブック」だったので、手軽な読み物が多いのかと思ったが、世界各国の文明文化、美術、写真、民芸、歴史、天文、生物、海外・日本文学、哲学思想、古典芸能、サブカル……と、人文・社会・自然分野が三つ巴のもよう。「あっ」と同行のカメラマンが敬愛する小島一郎の写真集を指す。私も、愛読書の川村湊著『言霊と他界』を見つけ、にやり。

「もとはコッチからなんです」と木村さんが誘ってくれた棚に「インカ」「ラテンアメリカ」「中南米」などがタイトルについた本が並んでいる。どういうこと？

「10年ほど前、ペルーに行ったとき、標高4000メートル近いチチカカ湖で、葦で編んだ家に住み、葦で編んだ船で釣りをして、自給自足のように暮らしている人々を見て、感銘を受けたんです」。葦が現地語で「トトラ」。店名にしたのだという。

「必死に〝濃く生きる〟って、かっこいいと思う」

その棚は、アメリカ先住民やビートジェネレーションについて、山の民などをテーマにした本へと続く。アメリカ大陸の放浪を描いたジャック・ケルアック著『路上』や、スワミ・シゲル著のヒッピーのドキュメント『オーバー・ザ・ボーダー』など、自由な生き方のバイブルとされる本も。

木村さんは、学芸大学の「古本　遊戯流浪堂」に約10年勤めて、地元で独立したそうだ。店の奥にはミニギャラリーがあり、訪問時は東北の被災地支援のために北海道で展開する「希望の椅子プロジェクト」の椅子を展示中だった。

SHOP DATA 逗子市逗子5・3・39／JR横須賀線逗子駅から徒歩4分／☎046・876・8606／11時〜22時／月曜休（祝日の場合は営業）

057

HADEN BOOKS（ヘイデン ブックス）《南青山》

「自分で見つける生き方」の本をセレクト

根津美術館に近い、テラスに置かれた一本の樹木がアクセントのしゃれたビル。階段を数段上がってドアを開けると、本棚とカフェ空間が広がり、フォーク系の音楽が聞こえてきた。「さすが青山、みたいなブックカフェが出来ている」と知人に聞いて初めてやって来たが、店主の林下英治さんが開口一番、「前職のときにもお会いしました」とおっしゃる。以前に取材した西麻布「Rainy Day Bookstore & Cafe」の店長だった人だった。

「もうすぐ退職というときに来られたお客さんが、このビルのオーナーなんです」。どういうこと？ 「気に入ったからまた来る」というそのお客さんに「自分は辞めるがこの店をよろしく」と言うと、「じゃあウチのビルで君がブックカフェをやってほしい」。いきなり話が進み、２０１３年9月に開店したのだという。

本棚を拝見。写真集、美術書、実用書、小説、エッセイ、文庫……。古書が7割、出版社から直取引の新刊が3割とか。「実はファンです」と心の中でつぶやきながら、井上陽水のインタビュー集『井上陽水 FILE FROM 1969』と、『遥かなる地平 １９６８-１９７７

年　百々俊二写真集』をぱらぱら開く。

「〝自分で見つける生き方〟の本を選んでいるんです」と言った林下さんが、カフェスペースのピアノの上に置いていた写真集『studio journal knock vol5』（2000円）を持ってきた。

福岡在住の西山勲さんという写真家が、世界各地のアーティストに会いに行き、撮ったものだとかで、ポートレイトもその背景も明るいニュアンスに満ちている。

「デザインもアートディレクションも西山さん一人で作っています。500部からスタートして、今3000部です」

壁に、最果ての河口と平屋建物の大きなイラスト。林下さんが一目惚れして買った西脇一弘さんの作品だという。いい感じです。

この日、購入したのは、映画「ポーラー・エクスプレス」の原作絵本『急行「北極号」』（絵と文＝C・V・オールズバーグ、訳＝村上春樹、あすなろ書房、1500円）。コーヒー（800円）を飲みながら、青山の住人になった気分で小一時間過ごした。

SHOP DATA　港区南青山4・25・10　南青山グリーンランドビル1階／地下鉄銀座線・千代田線表参道駅A4出口から徒歩7分／☎03・6418・5410／11時〜20時／月曜休

058

悠久堂書店《神田神保町》

料理本の品揃え、日本一

靖国通りに面した右側の入り口から入り、「すごっ」と小さく叫んだ。古色《こしょく》を帯びた『詩酒おぼえ書き』『裸のバッカス』などの和書、写真豊富な『魚を使いつくす』『野菜かいせき』など図鑑的な本、イラストが美しい海外のレシピ本。中国、フランス、イタリアはもとよりロシア、カリブ海、アフリカ……。古今東西の料理本が大量に並んでいたからだ。

古書店を数多く回った中に、料理本を得意とする店は何軒もあったが、他店の比じゃない――と見とれていると、社長の諏訪雅夫さんが現われ、「料理の本は、日本中でウチが一番揃っていると思います」と穏やかに言った。プロの料理人も来そうですね、と言うと諏訪さんはうなずき、大型本を棚から取り出した。フランス料理を日本に紹介した第一人者、辻静雄著『フランス料理研究』（1977年刊、大修館書店、売値15万9000円）。「図版も起こし、フランス料理の歴史を体系的に綴った、料理人のバイブルのような本です」と。

内容は私には遠いが、躍動感のある手書きのアルファベットがデザインされたモダンな装丁に魅せられた。

「佐野繁次郎さんです」。マチスに師事し、横光利一らの小説の装画を描いてきた、あの佐野繁次郎のデザインに、思いがけず出会えたなんて。感激しきりだ。料理本の棚ですっかり足が止まってしまったが、さて。ぐるりと店内を回ると美術カタログと書の本がある。緩《ゆる》やかな階段で、吹き抜けの2階に上がると、山岳と動植物の本もぎっしりだった。

「大正4年に祖父が新潟県長岡から出てきて、創業しました。長岡の悠久山にちなんで店名を付けたそうです。料理の本は私の趣味で、35年前から……」と諏訪さんに店の履歴を聞いている途中、一人の男性客が口をはさんできた。

「この店は私の趣味と全部重なるんですよ」その人はIT企業を定年退職後、ペン画を習い、山歩きもしているとか。店主に成り代わって（?）山岳書の棚を案内してくれ、「植村直己の本を読んで、元は落ちこぼれだったと分かって共感した」などと熱く語り出した。彼がこの店を愛しているからこそのハプニングだ。

料理本の棚に戻って、さきほど目をつけていた『佐々木久子のお酒とつきあう法』（鎌倉書房）を500円で購入。

SHOP DATA 千代田区神田神保町1・3／地下鉄各線神保町駅A7出口から徒歩3分／☎03・3291・0773／10時15分～18時45分（祝日10時45分～18時15分）／日曜休

059 nostos books（ノストスブックス）《世田谷》

コレクションにいかが？　デザインの視点から楽しめる本

三軒茶屋駅から、2両編成でゆっくり走る世田谷線で3駅目。松陰神社前駅を降りると、ローカルだけど品のある商店街がある。大きなガラス窓に『世界の夢の本屋さん』（エクスナレッジ）シリーズが飾られた「nostos」は、商店街に溶け込んでいる古書店だ。

入ってすぐ、面陳列された『本の花』（平松洋子著）、『台所のニホヘト』（伊藤まさこ著）、『カリコリせんとや生まれけむ』（会田誠著）に目がいく。それぞれ表紙は抽象画、写真、人物イラストと異なるが、基調は3冊とも青色。調和し、目に優しい配置なのである。

食べ物やもてなし、旅など暮らし周りの本が多いなと本棚を眺め、次に、惹《ひ》きつけられたのが、真っ赤な布の装丁に、『動詞Ⅱ　高橋睦郎』と金箔の文字が入った本。装丁がとてもしゃれているのだ。

「箔《はく》押し加工です。文字の部分に窪《くぼ》みをつけ、その中に金色を入れているんですね。ステキでしょう？」と、店長の石井利佳さん。ページを開くと、「見る」「愛す」など動詞をテーマにした散文詩だ。

「ボキャブラリーを増やしたいなと思っていたら、入荷した中にこの本があったので、『Today's recommend』にしました」とは、レジから山田友佳里さん。

日替わりでおすすめ本を案内しているという。やはり装丁に凝《こ》った本ですか？と聞く。

「ええ。オーナーも私もデザイナーなんです。webデザインを手がけてきたんですが、作品はモノとして存在しないでしょ。紙の本を売る実店舗をやりたくなって3年前にオープンしました。なので、デザインの視点から楽しめる本が多いんです」と石井さん。

店の奥には、写真集や画集がずらり。『平野甲賀〔装丁〕術・好きな本のかたち』『田村義也 編集現場115人の回想』など装丁家の本も並んでいる。

「私は野中ユリさんの装丁が大好きで……」と石井さんが3冊の本を取り出した。種村季弘著『吸血鬼幻想』『ナンセンス詩人の肖像』、マックス・エルンスト著・巖谷国士訳『カルメル修道会に入ろうとしたある少女の夢』。シュールな絵やコラージュ、絵文字入りの短文が描かれた装丁が独特で、コレクションにしたくなる。装丁を入り口に幻想文学の世界に入り込もう——と、言わずもがなの誘いが心地いい。

SHOP DATA 世田谷区世田谷4・2・12／東急世田谷線松陰神社前駅から徒歩1分／☎03・5799・7982／12時～19時／水曜休

060

九曜書房《武蔵小山》

廉価本が並ぶ店の奥に高価な写真集

『吉本隆明歳時記』100円、「別冊宝島」各種100円、『日本の赤絵』300円、『わが街　わが都電』800円……。店頭に、ずいぶん廉価な本や雑誌や写真集が400冊近くもずらり。ただものの本屋さんじゃないなと思いながら、開けっぱなしの店内に入る。

年季が入っている。江戸・東京、建築、詩歌、戦記、日本文学、海外文学、近代史、幻想文学など多岐のジャンルにわたる新旧の本がびっしりだ。

いきおい足が止まったのは本に関する本、そして沖縄の本がかたまっているコーナー。置樋田直人著『蔵書票の美』、武井武雄著『本とその周辺』、浦崎康華著『沖縄戦とその前後』、鹿地亘編『日本人民反戦同盟闘争資料』など通好み（？）の本が潜んでいたのだ。

さらに店の奥に進むと、同行のカメラマンが「うっ」と声なき声を上げた。レジではなく帳場と呼びたくなる場所の近くに、ひとかどの写真集がたんまりとあったからだ。そこに店主・加藤隆さんがいた。

「本の〝貯金〟がたまってますからね（笑）。写真は私の趣味です」

と聞く間、カメラマンが帳場の中の棚にある一冊に目が釘付けになったもよう。『石元泰博写真集　シカゴ、シカゴ』（美術出版社　1969年刊）。「アメリカに生きる人たちの、人間的な暗い部分が映し出されているんですよ。欲しい」と。

見せてもらう。老若男女の被写体に鋭く見つめられ、ぞくっとする。

「私も石元さん、好き。戦中に渡米していて、戦後、強制収容所に入っていた。それからシカゴの学校を出て写真を撮るようになった人ですよね」と加藤さん。売値はなんと18万円。

他に『見慣れた街の中で』（牛腸茂雄　同30万円）、『写真よさようなら』（森山大道　同20万円）など、美術館にあるような写真集を加藤さんは惜《お》しげもなく見せてくれる。「写真集が高くなっちゃったのは、海外の美術館に持っていかれちゃったからですね」と加藤さん。一般論かと思ったら、この店にも外国人が買い付けに来るという。

加藤さんは、1973年に古書業界入り。稀少な善本で知られる神保町の老舗、玉英堂書店などで修業し、1992年にこの店を開いた。「怖くて棚卸しできないですよ。私が死んだら、どうなるんだろうと思うと（笑）」

SHOP DATA　品川区小山3・2・3／東急目黒線武蔵小山駅からすぐ／☎03・3791・2094／12時頃～19時頃（時折、早終いあり）／月曜休・他に不定休あり

061 ひるねこBOOKS《谷中》

下町・谷中で「のんびり」「ゆっくり」を投入できる

根津駅から下町情緒あふれる商店街を歩いていると、あくびをしている猫に出合い、「できすぎ?」と思ったが、マジだ。今日の訪問先は、「ひるねこBOOKS」なのである。

店頭に50円均一箱を発見。歴代の映画のパンフレット、丸谷才一のエッセイから営業マン向けの比較的新しい本まで雑多に入っていて、なんとも安い。

「宗教は人を救えるのか」(釈徹宗著、角川SSC新書)をさっそく握りしめていると、店主の小張隆さんが現われた。店名から、女性がやっているのだろうとの予想はハズレ。

「よくそう言われます(笑)。店名は、僕自身猫が好きだから。8年間営業を担当した児童書の出版社を退職し、2016年1月にオープンしました」

絵本、児童書、そしてNHK連続テレビ小説で話題の『「暮しの手帖」とわたし』(大橋鎭子著)、近頃人気が再燃している『武井武雄手芸図案集』など暮らし周りの本が、新刊も古書も並んでいる。

カラフルなデザインの本に囲まれて、心が和《なご》んでくる。女性客中心?

「そうでもないんです。古本好きのおじさんも来ます。店頭の本を見に来た人が絵本も、絵本目当てに来た人が普通の本も買う。男女、年齢関係なく併読されるんですね」

小張さんが見せてくれたのは『Fika（フィーカ）』（塚本佳子著　Pヴァイン　2800円）。著者の塚本さんはスウェーデン雑貨の店も営む編集者で、かの地の「スカ・ヴィ・フィーカ（お茶しません）？」とくつろぐ文化を紹介した新刊だ。クッキーを焼いてもてなすページをパラパラ見るうち、日々あくせくしている自分が色あせる気分に……。この店で「のんびり」「ゆっくり」を投入しよう！

店の奥に、『うんこ！』（サトシン作　文溪堂　1300円）で知られる西村敏雄さんの絵本と原画がずらり。「うんこ！」をめくって、動物たちのユーモラスな排便の絵ににんまり。お隣りにあった『わたしはあかねこ』（同　1300円）に手をのばす。5人兄弟のうち一人だけ赤毛で特異な目で見られていた猫が、家を飛び出して出合った青毛の猫に「君の赤い毛並み、きれいだね」と言われるお話だった。大事なことがさりげなく詰まっている。店内では、マグカップなど北欧雑貨を販売しているほか、ワインやビールも飲める。

SHOP DATA　台東区谷中2・1・14・101／地下鉄千代田線根津駅から徒歩7分／☎070・3107・6169／11時～20時／月曜休

062

永森書店《神田神保町》

絵はがきを電球にかざしたら、赤い腰巻きの女性が浮かんで……

白い扉のカフェのような外観だが、ドアを開けて、ぎょっ。茶色いのだ、10坪ほどの店内全域が。膨大な量の小箱に古色を帯びたモノがぎっしり。古い絵はがきと旅行案内だった。「江戸末期から昭和20年までの絵はがきと旅行案内、そして地誌が専門です」と、店主の永森健太さん。

絵はがきは、地方別、美術系、産業、教育などの種類に分けて小箱に入っている。浅草や銀座はもとより、箱根、江ノ島、別府など全国各地の絵はがき（100円〜）を拝見。「旅の記念に買うものとして江戸末期から作られ、明治の終わり頃にブームになります。版元もいろいろで、発行年も記入されてないから、未だ全容が分かっていないんですが」

永森さんが「珍しいのを見せましょう」と、上部にだけ海辺の岩場の絵が描かれた絵はがきを取り出し、電球にかざした。

真っ白だった葉書の真ん中に、赤い腰巻を付けた女性の絵がたちまち浮かび上がってびっくりだ。「すかし絵はがき」だそうだ。明治後期のもので、2枚組3万円。値段にも驚き、

「ウチにも戦前の京都の清水寺の絵はがきがあるんですが、高く買ってもらえます?」と思わず聞く。

ところが「京都は無理です」。ベタな観光地や温泉地の絵はがきは数多く出回っているため、値がつかない。たとえば埼玉県川越や大宮など、発行部数が少なかった町の絵はがきならマニア垂涎《すいぜん》。高価買い取りになる。特に人気が高いのは、沖縄の駅舎や戦前の外地など「なくなった風景」のものという。

旧満州・奉天の写真はがき(8枚組2万円など)を見ると、立派な洋館や、噴水を囲む公園の光景が圧巻だ。と、すっかり絵はがき・写真はがきにのめり込んでしまったが、旅行案内での「大正・昭和の広重」と呼ばれた吉田初三郎の鳥瞰図《ちょうかん》も揃いに揃っている。昭和3年の京王電車の沿線案内(1万8000円)を見せてもらい、新宿から高尾山まで大いにデフォルメしたタッチの絵に見とれた。

永森さんは神保町交差点近くの老舗、秦川堂書店の二男。2002年に通販専門で開業し、09年に店舗にリニューアルした。目録を発行しており、電話すれば無料で送ってくれる。

SHOP DATA 千代田区一ツ橋2-6-12 上村ビル1階/地下鉄各線神保町駅A6出口から徒歩2分/☎03・5213・8010/15時~18時/日曜・祝日休

063

大河堂書店《経堂》

絶版本が並ぶ「品切文庫」が安い!

経堂駅から続く農大通りに面した古書店。店頭の「105円」均一棚に人だかりができていて、「昨日、今日入荷本の紹介」「昨日売れた本」を手書きしたホワイトボードが目を引く。この日の新入荷が『ハピネス』(桐野夏生)『謎の毒親』(姫野カオルコ)『目白雑録』(金井美恵子)、昨日売れたのが『カトレア・胡蝶蘭』『武道の真髄』「絵はがき(20枚)」……。店内に入ると、控えめにジャズがかかっている。

右手に単行本がぎっしり。『動物翻訳家』『井上有一』など、そういえば書評で見かけた本が面陳列され、新刊書店のよう。と思いきや、中央の文庫本の棚には茶色いものも多く、古書店の風格十分。文学、思想、美術、人文、歴史、漫画、そして農業書のコーナーも。店の奥のレジにいらした店主の青柳輝夫さんに「幅広いですね」と申し上げる。

「30年以上やってますから。お客さんにワクワクして探してもらえたらと思っています」

と聞きつつ、なんだか〝視線〟を感じる。往年の大女優、芦川いづみや江利チエミからだ。昭和30年発行の「アサヒ芸能新聞」の表紙だった。雑然と積まれた中にも宝物がいっぱい詰まっているようだ。

「ウチの特徴は『品切文庫』と『おもしろ文庫』です」と青柳さん。

あちこち目移りしている場合じゃなかった。「品切文庫」の棚へ。絶版の文庫本がずらり。「私が好きなのはコレ」と青柳さんが、川口松太郎『人情馬鹿物語』（売値1100円）を見せてくれる。昭和56年の講談社文庫版。「大正時代の東京下町を舞台にした人情小説です」。復刊本も出ているが、ウイットに富んだ装丁も開いたページの感触も違う。書かれた時代と共に味わえそう……と、近くにあった谷崎潤一郎『吉野葛　蘆刈』（同150円）も手に取る。昭和31年の角川文庫版。ページに添えられた着物姿の女性の挿絵に引きつけられる。

折も折、遠路、埼玉から来た常連の内科医に遭遇した。「これほど絶版本が安く揃う店、どこにもありませんよ。この本、『日本の古本屋』（古書の通販サイト）でも1000円以上するのに700円。中学生の頃にドキドキしながら読んだんだ」と、川内康範の『恍惚』を握りしめ、ご満悦だ。

「おもしろ文庫」のコーナーには全共闘や被差別関連を含む尖った本が勢ぞろいしている。

SHOP DATA 世田谷区経堂1‐24‐16／小田急経堂駅南口からすぐ／☎03・3425・8017／11時〜21時／木曜休

064 西村文生堂インターナショナル《自由が丘》

店内はまさに「アンティーク洋書ワールド」

訪れたのは小雨そぼ降る日だったので、店頭のワゴンは屋根のある場所に2つだけ。ガーデニングや料理、音楽の実用書が入っているのを見ていると、店主の西村康樹さんが出てきて「普段は店の横にもラックを配して、セーヌ川沿いの一角のような雰囲気なんですが」とおっしゃった。白の外壁に濃茶の窓枠。しゃれた古書店だ。

店内でまず目に付いたのが洋書の絵本。鮮やかなブルー地にグリーンの服を着た少年の後ろ姿が表紙のフランスのやら、動物たちが等間隔に並ぶアメリカのやら。一味違う。「ku:nel」や「自由が丘オフィシャルガイド」などの面陳列を見ながら奥に進む。と、そこには重厚な布地や金箔押しの本、そしてカラフルなペーパーバックが盛りだくさんの〝アンティーク洋書ワールド〟が広がっていた。

「さすが自由が丘」と口走ると、西村さんは「自由が丘に関する古い資料も集めてて。戦前は前衛アーティストが大勢住んでいたモダニズムの町が出発点なんですね」。

この店は1948年の創業。ごく普通の古書店だったが、3代目の西村さんが23年前に継ぎ「100年先も古書店が続くように」と活動を始めたのだそう。「今日の午前中も、横浜の飲食店で本の棚を作ってきたところです」。アパレル店、モデルルーム、テレビ番組など年間1000件以上の「本のあるインテリア」をプロデュースしている。店内の洋書は、そのような場へのスタンバイ用でもあったのだ。

「特にフランスの本はデザインの品がいいんです」

見せてくれたのは「Les TemPs Modernes」という、濃い赤と黒の文字ロゴが素敵なフランスの古い雑誌。「ひとくくり3000円です」と、9冊を紐《ひも》でしばって。

さらに「これはダミー本です」と、白やグレー地に黒や金色の文字を型押しした上製本が出てきて驚いた。

中身は真っ白。白い洋書は少ないので自身で作ったそう。「幅1メートル5万円」での販売。お店経営の読者、注目を！

取材後、西村さんは共同経営しているという近くのバー「ジュゲム・ハート」へ案内してくれた。カウンター内や壁面に洋書が並ぶ。なんとも落ち着く。見事な演出のモデル店だ。

SHOP DATA 目黒区自由が丘2・11・8／東急東横線・大井町線自由が丘駅から徒歩2分／☎03・3717・6843／10時半〜19時／無休

065

松雲堂書店《神田神保町》

「江戸名所図絵」に描かれる江戸庶民の豊かな表情を目の前に

靖国通りに面したウインドーに『朱子学大系』『日本漢詩集成』といった堅い本が並んでいるのが見え、ひるんだが——。左手から店内に入ると、棚一面に大量の和本が横向きに積み重ねられていて、壮観だ。数冊ずつ束《たば》ねられ、『尾張名所図会』『善光寺道名所図会』など と達筆の説明書きあり。目を白黒させていると、店の奥から宮元宏明さんが「名所図会は当時の旅行ガイドブックですね」と。

天保7年（1836）刊の『江戸名所図会』を出してくれ、めくる。絵師は長谷川雪旦。日本橋の「三井呉服店」前の活気ある光景が描き込まれた絵には、ちょんまげの男たちも、おしゃべりしながら歩く女たちもいる。

「表情が豊かでしょう?」と宮元さん。そういえば、皆にこにこしている。「スマホをいじりながら下を向いて歩いている人なんかいないでしょ（笑）。文明は進んだけど、精神的な豊かさは反比例したのかもしれませんよね。今の世に欠けているものが窺《うかが》い知れます」

この『江戸名所図会』は20冊揃いでなんと28万円の売価。しかし、不揃いだとうんと安くなるそうで、続いて見せてくれた『東海道図会（全6冊のうち4冊）』は7000円。

これには馬に乗り、歯を食いしばって大井川を渡る人も描かれ、興味深い。ふと「自由に移動できなかった時代だけど」とつぶやくと、宮元さんが「だからコレ」と一枚の紙を手にした。嘉永3年（1850）の「関所手形」（8000円）だった。目の前にどんどん現われる〝江戸時代のリアル〟に感激しきりである。

さて、店内右手の通路ものぞく。漢籍（漢文で書かれた中国の書籍）が並んでおり、中でも多いのが漢詩の本だ。漢詩とは「言葉を整理し、起承転結を踏まえて20字や28字など定型に収めるもの」と宮元さんが教えてくれるが、私にはぴんとこない。でも新刊さながらの『ビジュアル漢詩　心の旅』（世界文化社　売値1800円）が目にとまった。西安など古都を舞台に、李白や杜甫らの有名な詩を紹介した本だった。風景の見方が深まりそう、と思えてきて、購入決定。

ここ松雲堂書店は、明治23年の創業時から和本・漢籍ひとすじ。宮元さん夫婦が3世代目で、帳場には80歳のお母様もいらっしゃる。

SHOP DATA 千代田区神田神保町3・1／地下鉄各線神保町駅A1出口から徒歩2分／☎03・3261・6498／11時～18時（土曜17時まで）／日曜休

066

古書肆　田園りぶらりあ《田園調布》

「近代文学の復刻本、100冊で2万円だよ」

瀟洒《しようしや》な住宅街に建つ、白いビルの1階。広いガラス窓から、ビニール紐で10数冊ずつ縛った本がたくさん見える。古書市場で仕入れ後、ほどく作業待ち状態かなと思ったら、違った。

「どう？　これ。近代文学の初版の復刻本100冊。全部で2万円だよ」と声がかかった。店主の下《しも》正雄さんが指すのは、ビニール紐で縛った6束。梶井基次郎『檸檬』、武者小路実篤『或る男』、川端康成『浅草紅團』など錚々《そうそう》たる作家の代表作、しかも心憎い装幀のものばかり。壮観だ。「各出版社が復刻本を出してるからね。置くだけでインテリアになるよ」とたたみかけられ、欲しくなるが、我が家に100冊追加のスペースはない……。

ビニール紐のくくりは、下さんが、関連本をいわば〝編集〟した形なのだと判明。店の奥に進むと、天井まで届く作り付けの棚に、多ジャンルの本がずらり。文庫本もぎっしり。

「法律、経済、理系以外ね」と下さん。

「わ、スゴいの見つけた」と私が握り締めたのは『江戸時代の性生活』（西島実著、雄山閣出版、昭和44年刊）。超がつくほど稀少本なのに、売値800円。さっそく購入すると「これぁげる」と春画をくださったのは、取材者の役得だろうが、下さん、気前がいい！

無造作に積まれた中に、毎日新聞社の『昭和史』21冊、2万円、週刊朝日百科シリーズの『世界の植物』全12冊、2000円を発見し、格安の売値に目を見張りまくる私の横で、カメラマンが「おっ」。土門拳の『古寺巡礼』（美術出版社、全5冊、定価29万円）に、「1万円」ぽっきりの値札がついていたのだ。

『古寺巡礼』は約41×30センチの大判。開くと、数々の仏像が激しい迫力で迫ってきた。

「ね、ウチ、安いでしょ」と下さん。

昭和31年から神保町の「大雲堂書店」で修業し、昭和48年に飯田橋で独立。その1年後に立ち退《の》きとなり、ここ田園調布へ移ってきたとか。

「年6回、目録を発行。全国からファックスで注文がくる」「ネット販売は、店が倉庫になっちゃうのでやめた」と話してくれる合間に、「昭和48年当時のローンは金利9％。妻と掛け持ちで催事に出店し、悪戦苦闘して完済したんだ」なんて話も出てきた。

品揃えもさることながら、下さんのファンになっちゃった。

SHOP DATA 大田区田園調布2・39・11／東急目黒線・東横線田園調布駅から徒歩4分／☎03・3722・2753／9時30分〜18時30分（月・水曜は12時〜18時30分）／無休

067 古本屋の中村《東田端》

「本を読むって、人生を一つもらうことですよね」

田端駅からの道すがら、子ども連れの女性に店の場所を聞くと、「あ〜、あの古本屋さんですね」と、こともなげに教えられる。地元に親しまれている本屋さんかな。

店頭の「100円」均一ワゴンを横目に店内に入ると、万城目学の『バベル九朔』や桐野夏生の『バカラ』など近刊の話題作がずらり。売値は定価のほぼ半額！

新刊書店のビジネスコーナーと遜色ない本も多々並んでいる。揃いに揃った文庫本の棚には、宮部みゆきの『ソロモンの偽証』6巻で2720円、村上春樹の『1Q84』も6巻で1600円。思わず「安っ」とつぶやく。

「お客さんは何か面白い本ないかな、と見に来られるので、幅広く品揃えしています。赤ちゃんからお年寄りまで、8〜9割が常連さんです」

と、整理前のコミックが山をなしたレジから出てきた店主の中村秀人さん。

絵本・児童書、暮らし周りから旅行書、サブカル、エンタメ、ミステリー、アダルト雑誌……。30坪にぎっしり3万冊ほど詰まっているらしい。

「本を読むって、人生を一つもらうことですよね」という話に耳を傾けながら一巡する中、「本屋の矜持《きょうじ》」を感じる棚が2つ潜んでいると気づいた。

1つは『災害列島に生きる』『メルトダウン』『原発報道とメディア』などを集めた「福島」関連。「福島にご縁が?」と聞くと「いいえ、まったく。ただ、本屋をやる以上はずしちゃいけないでしょ」と中村さん。

もう1つは、戦後思想史を中心にした骨太の社会学の本の棚。竹内洋著『革新幻想の戦後史』、大澤真幸著『性愛と資本主義』……。私が手を伸ばしたのは有吉佐和子著『日本の島々、昔と今。』と『佐高信の余白は語る』。さらに、その棚の上に戦記もたっぷりあった。

先日、他店で「軽い本を読む人は重い本も、重い本を読む人は軽い本も読む」と聞いたが、まさに。町の本屋さんの〝鑑《かがみ》〟のような品揃えだ。

中村さんは商社に勤めた後、脱サラしてこの店を開き、もう17年になるそうだ。「常連さんが本をどんどん売りに来てくれます」。好きなことを仕事にした人だと、店の空気からびしびし伝わる。

SHOP DATA 北区東田端1・8・7／JR山手線田端駅から徒歩4分／☎03・5692・2550／11時〜23時30分（日曜12時〜20時、祝日12時〜20時）／第3日曜休み

068

喜多の園《千駄木》

嘉永6年創業の老舗茶舗の6代目が始めた古本屋

小道に段ボール箱とワゴンがぽつねんと置かれている。覗くと、文庫本200円均一の他、藤原正彦の『日本の矜持』、立花隆の『ぼくはこんな本を読んできた』など単行本が500円。セールなのにいい本があるな。と思ったものの、看板の一つも出ていない。

おそるおそるドアを開けると、「土足のままどうぞ」と店主の小笠原康博さん。テーブルと椅子を置いた6畳ほどの一室の壁3面に本が並んでいるが、窓際の1面に古めかしい茶箱と「特撰　高等番茶」「山のお茶」なる名前のお茶が少々置かれ、販売されている。

「嘉永6年創業の長野の茶舗の、私は6代目です。ここは東京販売店ですが、本が好きなもので」。小笠原さんは長野の本店を妹夫婦に任せ、2008年に上京。不忍通り沿いに販売店を構えた。その時、自分の本を8000冊ほど持ってきて〝壁の花〟のように店に並べた。売るつもりはなかったが「買いたい」という人が次々と現われたのだそう。

「駒込警察に聞きに行ったら、自分の本を売るだけで買い取りをしないなら古物商の免許も要らないというので、ま、なまぐさに（笑）」

2011年に、ここ不忍通り沿い裏手に移転。どう見ても古本がお茶を凌駕《りようが》している。本棚を拝見。吉本隆明、太宰治、中村光夫、日野啓三、大江健三郎、黒井千次……。文学と評論の香りがぷんぷんする。最近再読した柴田翔『されど我らが日々――』に目をとめると「駿河台の古本屋で全集を買うところから始まりますよね」と小笠原さんが言い出し、同著書の話を縷縷《るる》。

「お客さんと本の話をされること、多そうですね」

「ええ。話もするし、ここで本を読んでいく学生に店番を頼んで神保町へ行くこともあるし」なんとのびやかな。しかも、店内の本には売値が書かれていない。『フェノロサ』（保坂清著）を買おうとすると、「じゃあ500円」。学生なら100円にしたり、「あげちゃう」こともあるとか。「でも、投機目的だなと思うと売らない」。60～70年代刊の貴重本も多いのだ。

小笠原さんは中学生の時から東京へ一人旅して神保町に入り浸り、大学は早稲田の国文。卒論は古井由吉「杳子《ようこ》」だったという。「杳子」を未読だと言うと「1冊あげるよ。20冊くらい持ってるから」。こんな本屋さん、初めてだ。

SHOP DATA 文京区千駄木2-48-8／地下鉄千代田線千駄木駅から徒歩5分／☎03・6662・6947／9時すぎ～16時頃（その間、時折気まぐれに閉まることも）／定休日なし

069

古書まどそら堂《国分寺》

「思い入れたっぷりの、昭和の香りがする僕の蔵書」

国分寺駅南口から、右手に緑あふれる殿ケ谷戸庭園を見ながらゆるやかな坂道を下っていくと、年代物とおぼしき「国分寺マンション」が目をひく。「古書　まどそら堂」は、その半地階。骨董屋や古着屋などが並ぶ「アンティークアヴェニュー」にある。

開店時刻の少し前に訪れたら、店主の小林良壽さんが、スカイブルーの扉の前でご近所さんと喋りながら100円均一ワゴンの整理をしていた。

文化の香りがする場所ですね、と声をかけると「このマンションは1969年築。耐震工事も完璧で、100年持たせる構想があるそうです。この辺りは60年代からサブカルのメッカだったんです。その名残で、歌手の中山ラビさんがやっている喫茶店『ほんやら洞』がすぐ近くにありますよ」と。いっきに、のびやかな時間に吸い込まれた。

店内のインテリアもスカイブルーが基調で楽しい。本棚をめぐる。絵本、文芸、SF、ミステリー、旅や食の本、写真集……。文庫はちくま文庫がずいぶん多い。かつて私も一所懸命読んだ安部公房や筒井康隆、眉村卓の本と目が合ったり、実はウチにもある長谷川四郎『ぼくの伯父さん』を見つけたり。なんだか近《ちか》しい人の読書ワールドを覗いたような気がした。

「思い入れたっぷりの、昭和の香りがする僕の蔵書がベースです」と小林さん。

若き日の村上龍と村上春樹の対談集『ウォーク・ドント・ラン』（81年刊　講談社　売値250円）を取り出した小林さんが「文学者は〝味噌汁〟で朝ごはんのイメージから、〝サンドイッチ〟に変えた二人。『コインロッカー・ベイビーズ』も『世界の終りとハードボイルド・ワンダーランド』も衝撃でしたよね」にはじまり、両村上の歴代の著作の話をひとしきり。

小林さんは美大の出身で、元フリーの立体イラストレーター。「仕事が減ってきて、転職しようかとハローワークに行っていた」時に古書店をやろうと思いついた。長年の趣味が古本集め。自宅に数万冊の本が眠っていて、時折、中野の古本屋へ売りに行っていたのだという。2013年に国分寺市内で開店。15年5月に現在の場所に移転した。

「ウチに寄って『今日は神保町に行ってくるね』と出かけ、『ただいま』と帰りにも寄ってくれる常連さんもいます」って、愛されているなあ。店内には、誰もが1カ月5000円で〝本屋さんごっこ〟を出来る「貸し本棚」もある。

SHOP DATA 国分寺市南町2-18-3　国分寺マンションB-07B／JR中央線国分寺駅から徒歩2分／☎042・312・2079／13時〜19時（金曜・土曜は21時頃まで）／火曜休

070

古書　一路《広尾》

脱サラ店主が営《いとな》む、2LDKまるごと「隠れ家」的な店舗

聖心女子大学に近い広尾の小ぶりなマンションの入り口に「古書　一路」の小さな看板。いいのかな、ここで、と不安になりながら通路を進み、行き着いた。ドアを開けると、志賀直哉や中野重治、泉鏡花らの全集が山と積まれ、その横に膨大な量の「東京人」や「散歩の達人」も。それらが倒れてこないように気をつけて、カニさん歩きで奥の部屋へ入る。と、またその部屋も、本で埋まり尽くしている。2LDKまるごと本、本、本……。

「以前は部屋の真ん中にテーブルを置いて、妻が手作りのケーキも出すブックカフェ形式だったんですが、本がどんどん増えてしまいました」と、店主の堀江一郎さん。

近代日本文学の専門だ。芥川、漱石、鷗外、谷崎、安吾、荷風らの本が大量に目に入る。インクのすえた匂いと相《あい》まって、図書館の書庫に忍び込んだみたいだ。一隅に木製のアンティーク本棚があり、ここだけ別格のオーラを発している。

「三島由紀夫を300冊ほど入れているんです」と言う堀江さんの口角《こうかく》が上がり、三島ファンなのだと言わずもがなである。

1961年初版の『獣の戯れ』（新潮社刊、サイン入り、売値3万円）を見せてくれた。黒地に、ロイヤルブルーを散りばめた銀色のタイトル文字の表紙。書体にも惚れ惚れする。なんと、東山魁夷の装幀だそうだ。初版本だから貴重なんですよね？

「いえ、2刷のほうが貴重で、高値です」とは、意外。刷り部数が少ないからだそうだ。64年刊の2刷のカバーはクリーム地だった。

堀江さんは、自身を「最後の活字世代」だと言う。銀座の文具販売会社を辞めて、48歳で脱サラした。誰に相談しても「やめときな」と言われたが、古書店の開業はかねてからの希望。サラリーマン時代から古書会館の古書即売会に通う古書マニアだった。ネット販売から始め、店舗販売に。しかし「本が増えすぎました（笑）」。近年は池袋の三省堂書店、五反田の南部古書会館などの古本市への出展に力を入れ、ここは「隠れ家」的に開けている。

「古本の供給過多で厳しい昨今ですが、高い本を目利きできるかどうかにかかっていますね」。高値で売れた例を聞くと「小林秀雄の生原稿40万円と荒木経惟の『センチメンタルな旅』50万円」とのことだった。

SHOP DATA 渋谷区広尾3・8・13 ハイツヒロオ102号／地下鉄日比谷線広尾駅から徒歩13分／☎090・6032・0113 ＊必ず電話の上、来店を

071

古書いろどり《神田神保町》

SF、ミステリーに強い穴場古書店

専修大学の前のビル。表看板はなく、郵便ポストに「古書いろどり」とあるのを頼りに3階へ。スリッパに履き替えて、店内に入る。30平米ほどのスペースを背の高い本棚が囲み、中央にも低めの本棚。その上の面陳列に目がいった。

西荻の「盛林堂書房」の本だ。『ハダカ島探検　城昌幸少年少女作品集』（2000円）、『野呂邦暢古本屋写真集』（2500円）など少部数発行され、売り切れ続出の「書肆盛林堂」レーベルの本が並んでいる。「中には、盛林堂書房にもうなくなっちゃった本も、ウチにはあったりします（笑）」と店主の八島久幸さん。もらった名刺は、緑色のユニークな鳥のイラスト付き。盛林堂に吾妻ひでお。ニクいネットワークがおありなのだ。

「SF、ミステリー、海外文学、短歌、画集、漫画を扱っています」

パートナーの佐藤彩さんと2人で切り盛り。SF、ミステリー、海外文学、短歌、画集、漫画を扱っている。

店内をぐるり。目が合った本を列挙すると『昭和漫画大全別巻』『少年ロケット部隊　横山光輝名作集』小林信彦の『おかしな男　渥美清』野坂昭如の『少女M』。それに、ずらりとバックナンバーが揃う「ハヤカワ・ポケット・ミステリ」「SFマガジン」「ミステリマガジン」……。

「ミステリマガジン」の1965年5月臨時増刊号「007特集」を開いてみる。若き日の小松左京や丸谷才一が熱狂的な文章を寄せている。

「執筆陣に中原弓彦の名前もあるでしょ？　小林信彦のペンネームですよ」と佐藤さん。小林が正業につかないのを親戚が嫌っていたからだとか。ページをめくると「今日も元気だアスパラC」の広告に、まるで少女の弘田三枝子の写真。「古い雑誌って、思わぬ発見ありますよね」にうなずく。

1957年から発行されていた日本最古のSF同人誌「宇宙塵」もあった。「有名になる前の星新一や筒井康隆らが作品を発表しているんです」と、愛おしそうに見せてくれた。

その八島さんは広告会社とイベント会社、佐藤さんは専門図書館の勤務を経て、ネット書店を開業。2015年12月にこの店舗を併設したそう。穴場の古書店だ。

SHOP DATA　千代田区神田神保町3-2-9　塚本ビル3階／地下鉄各線神保町駅A2出口から徒歩2分／☎03・6272・8628／14時～18時（土・日曜12時～18時）／不定休（ツイッターで案内）

072 銀装堂書店《板橋区大山》

「ローズちゃん」がお出迎え。文庫、新書充実、〝裏メニュー〟も

庶民的な商店街にある路面店。店頭に均一棚もあるが、懐かしいこけしもある。店内に入ろうとすると、左手に50センチほどのキュートなお子さま人形がにっこり立っていて、思わず微笑み返し。

店主の宮川千尋さんが出てこられ、「髙島屋のキャラクター、ローズちゃんです。たくさんあったんですが、もう2体になっちゃって」と。セットで3万円だそう。

胸キュンとなりつつ、ローズちゃんの上の方に目をやると『星の王子さま』に並んで『ポルの王子さま』。王子さまが女性のおっぱいの上に立っているイラストの表紙だ。「星の王子さまのパロディです」。カジノ・リブモンテーニュ著、中田博訳、1972年、ニトリア書房刊。ポルノの「ポル」だが、政治的な臭いもする内容だそうだ。

店は10坪ほど。ニスを重ね塗りしたという美しい本棚に古書が並ぶ。単行本の棚で安岡章太郎の『犬をえらばば』、山田宏一の『走れ!映画』に足を止めつつ巡回。文庫、新書がすごく充実している。中でもちくま文庫の比率がそうとう高いようだ。

「ちくま文庫はカバーがコーティングされていないので傷みが早いんです。儚《はかな》さを版元が狙っているからかどうか知らないけど、題材と相まってちくま趣味的好奇心をくすぐります」

初耳だが合点。さすがの分析だ。宮川さんは学生時代に、ネットの「本を探しています」掲示板を利用したのをきっかけに「遊びの延長」で古書業界に入り、もう20年近い。古書組合の交換会、買い取りばかりか「紙」ジャンルの骨董市でも仕入れているそうだ。

レジの奥から〝裏メニュー〟を出してきてくれた。戦前の美術絵はがきと一般の人たちの書簡の束だ。「西洋に行った人がお土産に持ち帰って来たのでは」という、繊細な曲線を多用したイラストのはがきにも魅せられたが、書簡に夢中になってしまった。

「昭和11年横浜」などの消印のもので、封筒に「軍艦郵便」と赤いスタンプが押されている。軍艦で各国を視察した「小林茂雄」という人が、父親に報告する手紙が何通もあったのだ。そのうちの1枚に「ロサンゼルスのロングビーチを自動車で走りました」とも。

「かなりの地位にあった人でしょう。日本に帰港した時に特別の郵便枠で投函されたのだと思われます」。1通5000円。電話しておくと、裏メニューの数々を出しておいてもらえる。

SHOP DATA 板橋区大山東町46-5／東武東上線大山駅から徒歩3分／☎03・6909・6925／12時～18時／火曜休

073

根元《こんげん》書房日芸前店《江古田》

「70年頃の〝もやもやした感じ〟がこの店と同じかも」

店頭に並ぶ懐かしい積み木や文具類に心惹かれながら店内に足を踏み入れ、仰天した。本が山積みなのである。

通路に本が山をなし、用心して歩いてもひっかけ、1冊、2冊と床に落ちる。

「あ、いいですよ。そのままで」

店長の橋本敏弘さんは鷹揚《おうよう》だ。呉智英の『大衆食堂の人々』に紹介された「青柳書店」が居抜きで根元書房の本店に譲渡され、橋本さんが14年前に引き継いだ古書店。「本を徐々に減らしてますが、仕入れるから（減量が）追いつかなくて」

「東京人」「保育社カラーブックス」も、講談社現代新書、中公新書、岩波新書もずらり。チコとビーグルスの「帰り道は遠かった」のレコードや、小杉武久のコンサートのチケットを見つけた。学生運動や大阪万博など70年前後の本もずいぶん多い。

「僕は6、7歳だったけど、大学生が暴れていたとか、万博が大々的に開かれた一方で万博に反対する人がいたとか、三島由紀夫が自殺したとか、かすかな記憶があって」と橋本さん。長じて心にひっかかった「70年頃の〝もやもやした感じ〟がこの店と同じかも」と。

「表にある積み木はいくらですか」と、黒い帽子の青年が入ってきた。「1000円」と橋本さん。「ちょっと考えます」と去ったが、15分後に再来店し「やっぱり買います。姪《めい》へのプレゼントに」。卒論に書いた小説が太宰治賞の選に残ったという常連だった。「この店、かっこつけようとせず、バランスがめちゃくちゃだから面白い」とベタ誉めだ。

帳場の後ろには、茶色い本が60冊ほど固まっていた。その中から「見ます?」と橋本さんがひょいと取り出してくれた2冊が粋狂。1冊は鋲打ちの箱に入った玉虫色の装丁の『女性のカット』(山名文夫《あやお》著)。日本初の女性誌を出した大阪のプラトン社が1928年に刊行したもので、満載のアールデコ調の女性のイラストに見とれる。もう1冊は『文化村の簡易住宅』(洪洋社、1922年刊)。なんと、アパートで知られる同潤会が法人化の前に「江古田分譲住宅」の開発を手がけていたらしい。中産階級に向けた木造戸建住宅の設計図と解説が載っている。「後の田園調布などの住宅開発の参考にされたのでは」と言う橋本さんと一緒にのめりこんだ。

SHOP DATA 練馬区小竹町1・54・5/西武池袋線江古田駅から徒歩3分/☎03・5966・6019/10時~21時(水曜14時~)/無休

074

友愛書房《神田神保町》

賀川豊彦が名付け親のキリスト教書籍専門店

東京に、いや、きっと日本中にただ一軒のキリスト教書籍の専門古書店だ。天井まで伸びる書棚に、聖書や辞書、聖書研究書、キリスト教史、全集などがずらり。専門的すぎると困惑したが、店主の萱沼元《かやぬまげん》さんが「昭和23年の創業で、友愛書房という名前は賀川豊彦さんに付けてもらったんです」とおっしゃる。

賀川豊彦は神戸で日本初の生協を作ったり、本所で貧しい人を救ったりした社会運動家。ノーベル平和賞候補になったキリスト教者だ。

「世田谷の賀川豊彦記念　松沢資料館に行ったことあります」と言うと「あの資料館の近くに住んでいた伯父が、賀川豊彦の後をくっついて回っていたんです」と萱沼さん。

入り口近くにある、『死線を越えて』(昭和50年、キリスト新聞社、売値3000円)など幅を占める賀川の著作の棚から『百三人の賀川伝』(昭和35年、キリスト新聞社刊＝上下2巻で売値3000円)を取り出してくれた。103人が寄せた賀川のリアルな姿が描かれ、そのうちの一項が萱沼さんの伯父、萱沼孝文さんの筆。別府に同行した際に、立派な温泉旅館で

「建物にこんなに金をかけるから、貧乏人が入れなくなるんだ。（中略）安い療養所を建てたいもんだね」と賀川が語ったエピソードが綴《つづ》られていた。

「キリスト教伝来の頃と明治維新後。この二つの時代の日本の歴史を、キリスト教の布教からアプローチする人も来店されます」と萱沼さん。

帳場の後ろの壁の上方に、相当年代物とおぼしき古書がずらり。なんと1575年にドイツで発行されたルターの著作集だそうで、表紙は豚皮、全12巻。木版画も美しい。

「触っていいですよ」

「約翰《よはね》福音之伝」とのタイトルの本も見せてくれた。本文はすべてカタカナ表記。1837年にシンガポールで刊行され、新教出版社が1976年に復刊したもの（売値1万6200円）。なぜシンガポールで出たのかは謎だそう。

さらに、萱沼さんは1650年の「踏み絵図」や、仏様の裏側が十字架になった隠れキリシタンの信仰の証（壁に埋め込む形のもの）を惜しげもなく見せてくれ、目が点になりっぱなし。博物館のような専門店だ。

SHOP DATA 千代田区神田神保町1-44 池久ビル2階／地下鉄各線神保町駅A5出口から徒歩3分／☎03・3291・6327／11時〜18時（祝日は17時まで）／日曜・第1月曜と翌火曜休

075

飯島書店《早稲田》

「70年代は夜の12時まで店を開けていたねえ」

店頭の100円均一に『鬼平犯科帳』もたっぷりあって安い。ワゴンには三島由紀夫、大江健三郎、モリエール、エリオットなどカバーなしの文庫が2冊で100円。「東京の古本市&古本まつり」のポスターを見ながら店内に入る。

教養系の文庫や新書がずらり。奥の帳場に店主の飯島芳久さんがいらした。取材意図を告げると、一瞬困惑した顔つきになったが「じゃあ、ウチだけじゃなくて、早稲田の古本屋街を盛り上げるように書いてくださいよ」とにっこり。1970年から歴史を刻む店だった。

山梨から1964年に上京。姉の嫁ぎ先が荻窪の「岩森書店」だった縁で、兄共々古書業界に。飯島さんは、岩森書店に住み込んで修業した後、早稲田で独立したのだそう。

「あの頃は銭湯帰りの学生が来るから、夜12時頃まで開けて。私が銭湯に行くのはいつも閉まりかけの時間でした。早稲田の古書店みんなで高田馬場の『BIGBOX』や早稲田大学の構内で古本市をやって……」

そんな昔話を聞きながら帳場の後ろの棚を見ると『古川ロッパ昭和日記』や野口武彦の

『三島由紀夫の世界』、尾辻克彦の『父が消えた』がある。

文庫の棚には光人社NF文庫が多い。『大空のサムライ』、『グアム島玉砕戦記』、『烈兵団インパール戦記』など戦記だ。売値は定価の約半額。まとめ買いする人が多いという。「こっちは、知らない人が増えて、あまり動かないんだけどね」と飯島さんが指したのが講談社少年倶楽部文庫。

昭和ヒトケタ代に人気を博した雑誌「少年倶楽部」掲載の物語が、50年代に復刊されたシリーズだそうで、子どもの頃テレビドラマを夢中で見た「快傑黒頭巾」（高垣眸著、売値500円）もあって、懐かしい。『村の少年団』『トム君・サム君』（共に佐々木邦著、売値800円）の表紙に描かれた、いたいけな昔の少年たちの絵にもしびれる。そして取り出した本を「本がかわいそうだから」ときちんと棚に戻す飯島さんの姿にも胸がきゅんとなる。

戦記と懐かしい少年読み物が二本柱かな。いやいや、店の右手奥にかなりの量の成人本コーナーがあるのも知る人ぞ知る特徴。もっとも、成人本の棚の上に、出番を待つ（？）井伏鱒二、宇野千代らの全集がぎゅうぎゅうに積まれていたが。

SHOP DATA 新宿区西早稲田2-9-16／地下鉄東西線早稲田駅から徒歩7分、東西線・JR山手線高田馬場駅から徒歩10分／☎03・3203・2025／11時〜19時／無休

076

博文堂書店《都立大学》

創業44年の老舗の店舗が復活。店内で「満州に住んでいた」とお年寄りたちが昔話

店頭の均一棚の下にカラフルな絵本が置かれ、ガラス戸にかわいいシールが貼られている。子ども歓迎の本屋さんだと思って店内に入ると、なんたるギャップ。年季の入った木製棚に本が飾り気なく並ぶ、古色を帯びた古本屋さんだった。

「入って来た途端に、出ていく若い人が時々います」と店主の江口広幸さんが苦笑いする。44年前に妻の父が開業した。社会学系研究者ご用達の古書店だったが、江口さんが結婚した11年前は目録販売とネット販売に移行していて、ここは倉庫状態だったそう。

江口さんの前職は食品会社のデパ地下店店長だ。しかし、本好きの血が騒いで退職。義父を手伝い、神田の古本市場の担当もするうち「同世代が実店舗を構え出し、うらやましかった」。4年前に新たな選書で店舗を復活させたのだという。

本棚へ。絵本や児童書も目立ち「こどものとも」も講談社青い鳥文庫も100円だ。「3冊から2割引です」。大人用の文庫も大半がほぼ同様の価格。そもそもが高価な講談社学術文庫が300~400円とすべて安い。

『日本産カミキリ大図鑑』『岸信介回顧録』『ヤクザ学入門』などジャンルもさまざまな本から視線を感じつつ、袋小路になった一角へ足を踏み入れると、7段の棚が戦記と戦史で埋まっていた。『真珠湾の真実』『ニューギニア戦の検証』『ゾルゲ追跡』などのタイトルが目に飛び込んだ後、旧満州関係がずいぶん多いと気づく。『満州国警察外史』（幕内満雄著、三一書房）『回想　満鉄調査部』（野々村一雄著　勁草書房）『満蒙終戦史』（満蒙同胞援護会編、河出書房新社）……。

「書かれた体験や内情が、広く知られていることと違ったりするから、知っておきたいと思うんです」。江口さん自身の読書志向の反映なのだ。この棚のおかげで「満州に住んでいた」という近所のお年寄りたちが店を訪れては、昔話を聞かせてくれるとか。『鮎川義介伝』（小島直記著、日本経営出版会、売値2500円）が人気だそうだ。

「実は義父も新京に暮らした人。仲間と本屋をしていたらしいです」と聞いて「その話をヒアリングして、あなたに記録してほしいな」と私。群馬在住の中村泰助さんが1965年におそらく自費出版した『シベリア捕われの歌』（売値　1000円）を購入。

SHOP DATA　目黒区八雲1・7・20／東急東横線都立大学駅から徒歩5分／☎03・3723・2783／10時〜18時30分（14時〜15時は昼休み）／水曜・日曜休み（他に不定休あり）

077 コ本や《王子》

若い映像作家、アートディレクターら3人が個性豊かに選書

「東京芸大出の若い人たちが本屋を始めた」という情報をキャッチして訪問した。場所は王子。明治通りに面した5メートル四方ほどの古書店だ。専門的なアート本が多いのではと思いきや、絵本もZINE（ジン）（個人がつくる雑誌類）も、小説評論や映画関係や現代思想の本も並んでいる。

まず「なんでまたここに？」と聞いてみる。「私の地元が東十条だし、近ごろ山手線より北にギャラリーが出来てきているので、この辺りに町との関係を作れる空間を持てればいいなと思って」と、26歳の青柳菜摘さん。東京芸大大学院映像研究科メディア映像専攻の同窓生、清水玄さん、和田信太郎さんとの3人でユニットを組み、それぞれ映像作家やアートディレクターなどとして活動する傍《かたわ》ら、2016年6月に本屋を始めたそうだ。

清水さんが神保町の「泰川堂書店」でのバイト経験があり、すでに入った古書組合の市場からも仕入れている。約3000冊の蔵書は「自分たちが面白いと思う本」とのこと。

北杜夫、遠藤周作、中上健次が複数冊、目に入った。西加奈子、村山由佳もしっかりある。『路上観察学入門』（赤瀬川原平・藤森照信・南伸坊編、筑摩書房）を手に取ったとたんに、近くにある「東京銭湯お遍路ＭＡＰ」という冊子が気になり始める。『クラクラ日記』という「茶色い」単行本が目に入った。１９６８年の刊行で坂口三千代著とある。「坂口安吾の奥さんの自伝風小説風エッセイです。日記って『おや？』と発見することが出てきたりするから面白くて、集めてみました」と清水さんが文庫本の並ぶ一角に案内してくれた。山田風太郎の『戦中派不戦日記』、大岡昇平の『レイテ日記』、宮部みゆきの『平成お散歩日記』など、時代もテーマも異なる40冊ばかりがかたまっていた。

そして「私は絵本が好きで」と青柳さんが出してくれたのは、『かいじゅうたちのいるところ』で知られるモーリス・センダックの『マミー』という、複雑な〝飛出し絵本〟（大日本絵画刊、売値２５００円）。小さな男の子が「マミー？」とお母さんを探してお化け屋敷にやってきたお話で、大量のモンスターたちが立体的に飛び出してくるさまに、目が点になった。プレゼントにいいかも。若い芸術家たちの選書が新鮮だ。店の奥のアトリエで、参加者が本を音読しながら絵を描く「ドローイング大会」を定期開催している。

SHOP DATA 北区王子1‐6‐13　松岡ビル１Ｆ／地下鉄南北線・ＪＲ京浜東北線王子駅から徒歩5分／☎０３・５９４４・６９９０／11時～21時／月曜休

078

司書房《赤塚》

「古本以外にも面白そうなものは何でも仕入れます」

店頭にカバンやオモチャが並び、リサイクル店のようだ。店内はびっしり本が詰まっているが、レコードや額縁も混在。店主の中野照司さんがにこにこと現われ、「これ、見ます?」と木の小箱を指した。

小箱の引き出しを開けると、5つ玉の算盤や硯がぴったりサイズで収まっている。「明治の頃まで商人が使っていた『手提げ金庫』です」。売値は1万円。「面白そうなものは何でも仕入れるんです。モノの断片から本へと興味が広がるかなと思って」

美しい螺鈿《らでん》細工の櫛とかんざし(3点セット、5000円)に目移りしながら本棚を拝見。文学、ノンフィクション、宗教、科学、児童書、アイドル写真集、アダルトなど2万冊以上ありそう。「良く言えば多ジャンル。悪く言えば何でも屋」と中野さんは笑う。

『TOKYO OLYMPIAD 1964』(オリンピック東京大会組織委員会監修、共同通信社、売値5000円)を発見。アベベや円谷幸吉の勇姿を見ていると「東京オリンピックのポスターは亀倉雄作のデザインでしたね」と中野さん。『亀倉雄作のデザイン』(六耀社、89年刊、同25

00円）を見せてくれた。

昭和レトロな表紙に惹《ひ》かれて手に取ったのは『新宿カチューシャ愛唱歌集』（73年刊、4冊組、同1000円）。

「私たちが若い頃通った歌声喫茶『カチューシャ』の。カラオケがなかったから、これを見てみんなで歌ったものですよ」。

はたまた五木寛之サイン入り『青春の門』（75年）や、梶間俊一監督らのサイン入り『蛍』（89年）などの映画台本を大量に出してくれる。

「時代の記憶を彷彿させるモノが多いかな」と、中野さんがぽつり。「もっとも店には在庫の5％ほど。95％は催事に出すため倉庫にあるんですけど」

大学卒業後、池袋西口の路地裏を皮切りに古本屋を始め、40年以上になる。リブロやパルコの古本まつりの会長を歴任。「1週間の古本まつりに、店の1年分以上のお客が来る。『君はロシア文学の大泉黒石《こくせき》も知らんのか』などとお客さんに鍛えられてきたんです」

そんな来歴話にも聞き惚れ、2時間半滞在した。

SHOP DATA 練馬区北町8・30・13／地下鉄有楽町線赤塚駅4番出口から徒歩3分／☎03・5921・6356／11時～21時／大雨の日休み　※2018年4月以降、移転の可能性あり

079

藍書店《高円寺》

電車の通過音をBGMに、インクの匂いが充満

ＪＲ高円寺駅近くの高架下。昭和が煮詰まった飲屋街に足を踏み入れると、突如真っ赤な本棚が目に飛び込んできた。「藍書店」の外壁だ。均一本がずらりと並んでいた。

店内は哲学、歴史、民俗学、思想、政治、画集、写真集……。おおかたの本好きを満足させる構成で、「茶色い本」の比率はやや高め。ガタゴトと電車の通過音をＢＧＭにインクの匂いが充満している。

「この高架下は、昭和40年代に中央線が高架化されたときに整備されたらしいです。ここは長く都丸《みやこまる》書店の支店で、僕も15年間勤めましたが、閉鎖が決まった3年前に売ってもらったんです」と、店主の鈴木衛士さんが言う。

都丸書店とは、すぐ近くの老舗《しにせ》古書店。開業資金はおいくらで？　とこっそり聞くと、「６００から７００の間ですね」と教えてくれた。本は、古本市場のほか、買い取りでも仕入れる。「エレベーターのない５階建の団地の階段を40～50往復したり、９トントラック２台分を運んだこともあります」

大変な力仕事だが、鈴木さんはまったく苦痛でなさそうだと思いきや、「これも買い取りサービスに混じっていたんです」と、紺色の布地をまとう和綴《と》じの5冊つづりを見せてくれた。タイトルは『圜天圖説』(李明徹著)。なんと、1819年に中国で刊行された天文学の本なのだそうだ。

「日本中に3冊しかない貴重な本なので、200万円と値付けしました」と言ってから、「置いて2年。見に来た人はまだ一人もいませんが」と、小さくお笑いになる。

さて、そのような恐ろしく高価な本も、お安い本もあるこの店を一巡り。私が買うことにしたのは、「町町の文字」(藍島庸二編著、1973年刊、芳賀書店、売値800円)という商店の看板、のれんから大漁旗まで、ユニークな文字を写した本だ。

と、そこへ偶然にも古書ライターの岡崎武志さんが来店。店頭に100円で出ていた『柿の種』(寺田寅彦、岩波文庫)を買いつつ、「この本、池内了の解説がまたよくてね」と、愛《いと》おしいものを見つめる目だ。「面白い本に出会えるので、1、2カ月に1度は寄ります」

岡崎さんと同じ思いの人が多いようで、来店客が絶えない。

SHOP DATA 杉並区高円寺南3-69／JR中央線高円寺駅から徒歩1分／☎03・5330・6314／11時~20時(日曜13時~19時)／水曜休

080 Tweed Books（ツイード ブックス）《白楽》

歴代の〝男の装い〟に関する本や雑誌に注目

東横線白楽駅西口で降りて、商店街を右へ曲がると、買い物帰りの女性がちらほら。住宅街に続く平日の昼下がりの光景は穏やかだ。そんな中に、「Tweed Books」の店頭には、古書が品良くワゴンに陳列されていた。店内に入ると、まず60年代のスヌーピーの洋書が目にとまる。文学に哲学、いやいやファッションの本や雑誌が多いなと思いながら進んだ先に約6畳の和室。そこに、細川克己さんがいらした。

キャスケット（帽子）に、店名と同じツイードのジャケットがお似合い。おしゃれな古書店主さんだ。「中学くらいからずっと服が好きで（笑）。脱サラするならアパレルの店か本の店かと悩み、好きな洋服を毎日着られる本屋をしようと思ったんです」

2年前に500メートルほど離れた場所に自分の蔵書3000冊を並べ3坪の店をオープン。その半年後に15坪のこの店に移転してきた。

「蔵書の多くはファッション関係？」

「ええ。でも、もう全部売れちゃいました」

仕入れは古書市場と買い取りで。徐々に「あの店ならファッション本も大切に扱ってくれる」と思う人が増え、その手の本や雑誌がどんどん持ち込まれているのだとか。

中原淳一の絵が素敵な「それいゆ」や70年代の「an・an」など女性誌にまず目が行ったが、歴代の〝男の装い〟に関する本や雑誌がこうも多彩だったとは。

バックナンバーがずらりの「MEN'S CLUB」「POPEYE」は元より、『明治はいから物語』（内山惣十郎著、1968年、人物往来社）『いつどこで何を着る？』（石津謙介著、1965年、婦人画報社）『男のお洒落の方程式』（森岡弘著、2011年、講談社）……。

細川さんが「珍しいものをお見せしましょうか」とB5サイズ、36ページの冊子を取り出した。表紙にストライプのジャケットを着た男性らの淡いイラスト。アメリカのトラッドスタイルの代表ブランド「ブルックスブラザーズ」の1980年の商品カタログ（売値1500円）だった。「ジャケットが寸胴《ずんどう》でしょ？　今は細身ですが」。当時の新製品の詳細イラストが詰まり、面白い。「裏表紙に『VAN』の広告が入っている『メンズクラブ』は買い取り強化中です」なんて話も聞いた。

SHOP DATA 横浜市港北区篠原台町4-6　サージュ白楽107／東急東横線白楽駅から徒歩3分／☎045・859・9644／11時～19時／月曜

081

たなべ書店本店《南砂町》

用があるときは常連さんに店番を頼んで30年間無休

丸八通りに面した店頭ばかりか、脇道沿い20メートルにも延々本棚が続き、オーラを放つ本屋さんだ。えんじ色のマフラーがお似合いの店主・田辺敏男さんが迎えてくれた。「朝8時から30年もやってるの。もういい加減にしないと、カミさんに怒られるんだけど(笑)。ね、スズキさん」と同意を求めたのは、特等席に腰掛ける年配男性。クロスワードパズルの本から目を上げ、ほほ笑んだ。

裏事情もご存知の常連さん？「そうそう。毎日遊びにくる人が何人もいる」と田辺さん。「若いとき、旺文社の営業だったんだけど、出張があまりに多くて。子どもが小学生になり、家族との時間を持てる仕事に就こうと本屋のオヤジになったわけ」との話が出て、「用のあるときは常連さんに店番を頼むから、30年間休みなし」。大したもんです。

35坪に10万冊。「少年マガジン」「ヤングジャンプ」「秋田書店」などと分けられ、漫画が揃いに揃っているのを「やっぱ、差別化だよ」とおっしゃり、「それにウチは、これこれ」と案内してくれたのが映画のパンフレットのコーナー。洋画も邦画も半端じゃない量――と目が点になるが、「ネット販売用と合わせて4万5000点」と田辺さんは涼しい顔だ。「一番人気は?」の質問に、「スター・ウォーズとゴジラのシリーズ」と即答。売値は500円が中心とのことで「安っ」と思ったが、「高っ」なチラシもどんどん出てきた。「日比谷スカラ座　12/25特別ロードショー」と記した1968年の「荒野の用心棒」のチラシ25万円、アラン・ドロンの「太陽がいっぱい」のチラシ5万円……。「みなさん、チラシは捨てちゃうから、相場が上がるの」。なるほど。「田辺さんご自身、映画好きでしょ」とふると、「黒澤明と小津安二郎が特に。昔、地方に出張の夜は、映画館で過ごしたなあ」と遠い目をされる。

文庫の棚で「死んだ作家の本は読まれないけど、池波正太郎、山本周五郎、松本清張は例外」。破棄する本を前に、「毎日、えんまさんになって300冊ほど引導を渡さなきゃならないんだ」。さすがの言葉が次々と飛び出す。「お土産」と、宮部みゆきの『淋しい狩人』をくださった。「宮部さん、以前近くに住んでたみたい。この小説に『田辺書店』って、ウチが漢字になって出てくるの」と。

SHOP DATA　江東区南砂4・18・10/地下鉄東西線南砂町駅東口から徒歩5分/☎03・3640・0564/8時～20時/無休

082

水平書館《神田神保町》

女性、部落、沖縄、在日など社会科学書の専門古書店

「神田水平館ビル」という堂々たる名だが、年季が入った（おそらく）モルタル3階建て。ビルの前の本棚で『二十歳の原点』3部作が目にとまる。学生運動まっ最中の1969年に自死した立命館大学生・高野悦子の日記シリーズだ。

扉を開けると、まっすぐの通路に本が並び「会計は2Fです。ベルを鳴らせば降りて来ます！」とベルと貼り紙があった。いいな、このユルい感じ。

だけども本はカタい。女性、障害者、沖縄、部落、アイヌ、在日コリアのジャンルがずらり。階段を上がろうとすると、壁に「平塚らいてふ草稿29枚百万」「宗秋月草稿46枚八万」などと書いた紙がびっしり。2階の事務所に店主の李明夫さんがいらした。

「社会科学の専門店です。20年ほど前に西荻で始め、神保町に来ました。本屋になるなんて夢の夢だったのに、神保町の飲み屋で知り合った人に『できるよ』と教えてもらったのがきっかけで」

お名前から「在日ですか？」と聞けば「2世です。朝鮮語は少ししか話せませんが」。外国籍は未だに不動産が借りづらいので、このビルは「工面して買った」のだそう。

「明治から終戦までの発刊誌」が詰まる3階の閉架式書庫はどう見ても研究者ご用達だが、階段周辺の壁面に掛けられた戦前・戦中のポスター類に誘い込まれる。

「新居村」（県名は不明）による「スパイ防止流言飛語県民心得」ポスター（売値３０００円）。「日本共産党手書檄文」ポスター（売値6万円）。

１９３５年の「全国農民組合全国大会」のポスター（売値5万円）には「土地取上させぬ」「小作料を引下げる」とスローガン。ほっかぶりして何やら叫ぶ男の絵の切迫感たるや。

「『無産者新聞』にも挿絵を寄せたプロレタリア画家・柳瀬正夢が描いてます」と説明の後、李さんが「私も柳瀬正夢がかなり好き。ウチで復刻版を出しました」と『柳瀬正夢百画集』（１０００円）を見せてくれた。権力を風刺する絵が満載。もう1冊、李さんが復刻したという反戦詩人・酒井正平の遺稿集「小さい時間」（１０００円）と共に購入した。

「発掘して新しい価値を見出す。楽しいです、古本屋は」

SHOP DATA 千代田区神田神保町１・54　神田水平館ビル２階／地下鉄各線神保町駅から徒歩４分／☎０３・５５７７・６３９９／11時～18時／不定休　※ひと月に３日間、香取市小見川５７４で「本の市場」（毎月最終金曜15時～21時、土曜10時～21時、日曜10時～15時）も開催

083

弥生坂　緑の本棚《根津》

「植物と古本、どちらも売ります」多肉植物を食べられるカフェも併設

根津一丁目の交差点から言問《こととい》通りを東大前方向へ少々急な弥生坂を上がる。300メートルほどで、緑の植物と古本が並ぶ店が見えてくる。「弥生坂　緑の本棚」は（おそらく）日本中にここしかない、植物と古本の両方を売る店だ。

「花屋に28年間勤めていました。いつぞや廃棄する分厚い本をくりぬいた植木鉢を使うことがあったのが、植物と本を組み合わせようと思ったきっかけです。2016年の2月に開店しました」

と、店主の綱島側光さん。植物の湿気が本を劣化させないかという心配は、切り花ではなく、鉢モノやドライフラワーを中心に置くことで解消。古書検索サイト「スーパー源氏」が開く開業講座などで教えを請い、開店したという。

「ところで、これは?」と、平台の上に飾られた、ススキの変形のような洒落《しゃれ》た植物を問うと、

「エアプランツの一種。葉から水分を吸収するので、土に植える必要がないんです」

店内には初めて見る植物がいっぱいで、ついそちらに目が行ってしまうが、さて、本棚拝

見。『やさしいベランダ園芸』『ハーブ栽培』『すてきな花壇ガーデニング』……。さすがに園芸書が多い。植物図鑑も、環境問題にリンクする『緑の時代をつくる』といった本も。さらに『多肉植物育て方ノート』（河出書房新社刊、売値1000円）『サボテン多肉植物』（小学館刊、同980円）など多肉植物が冠《かんむり》につく本もずいぶんあった。

「多肉植物は葉の中に水分を蓄えている植物のことで、2、3年前からブームです。季節で葉の色が変わり、姿形が多様なので、ハマる人が多いんですね」と綱島さん。鉢植えの多肉植物（250円～）がずらりと並ぶ店頭に案内され、さっそく一つ買った。

店の奥に多肉植物のグラハラリーフ（3枚350円）を食べられるカフェスペースがあり、そちらで休憩。グラハラリーフはカルシウムが詰まっているとか。高級リンゴに似て、なかなか美味だ。

20坪に約5000冊。そのうち約1500冊が植物関係の本だが、文芸やエッセイ、社会科学書も並ぶ。訪問中、次々と訪れるお客は、なぜか美しい女性ばかり。中原中也の詩集と小林多喜二の短編集を求めた和服の女性もいた。

SHOP DATA 文京区弥生2-17-12 野津第2ビル1階／地下鉄千代田線根津駅A1出口から徒歩3分／☎03・3868・3254／13時～21時（日曜18時まで）／月曜休・木曜不定休

084

高原書店　町田本店《町田》

4階建てのビルまるごと　200坪に20万冊！

びっくりした。なんと立派な、と。4階建てのビルまるごと古書店なのだ。入り口を入ると「わが青春の高原書店」と見出しのついた雑誌の見開きが貼られていて、そこには三浦しをんさんの写真。

「200坪に20万冊です。15年ほど前に町田駅前からここに移転してきたんですが、ちょうどあの頃、三浦しをんさんがウチでアルバイトしていましたよ。それから5年ほどで直木賞受賞、びっくりしました」と、社長の高原陽子さんが言う。

気鋭の古書店、吉祥寺の「よみた屋」や西荻の「音羽館」の店主が修業した店と聞き及んでいたが、直木賞作家まで輩出したとは。11年前に亡くなった高原さんの夫、坦《ひろし》さんが1974年に10坪で創業。「定価の半額販売」などの先んじた試みが奏功し、拡大してきた。今は、郷里の徳島にある倉庫を含めスタッフ15人だという。

通路を進もう。以前は学習塾として使われていたビルで、通路の両側に30～40平方メートルほどの部屋が並ぶ。各部屋が絵本、漫画、100円均一、文学、絶版文庫、思想・哲学、美術などジャンルに分かれ、本がびっしりだ。

2階に「町田ゆかりの作家コーナー」があった。さすが町田。遠藤周作、白洲正子、尾辻克彦、北村透谷ら20人以上の本がざっと1500冊。壮観だ。「遠藤周作さんのお宅に主人が出入りしていました。狛江の宮尾登美子さんのお宅にも」と高原さん。

そのお二人および瀬戸内晴美の直筆原稿を発見した。遠藤周作は意外にかわいい丸文字(16枚、40万円)、宮尾登美子は力強い文字(6枚、15万円)、瀬戸内晴美は続け文字(16枚、15万円)。4階の壁には「演劇の系譜」「現代の演劇」と記した表が貼られていた。高原さんの手書きだという。「演劇好きですか?」と聞くと目が輝いた。

「徳島にいた大学時代は新劇を観ていましたが、上京後幅広く観るようになったのは、ウチに夢の遊眠社のスタッフの東大生がバイトに来ていたから。『少年狩り』を観て衝撃を受けて」。劇作家の本が50音別に揃っている。とりわけ野田秀樹、井上ひさし、別役実、唐十郎が多いようだ。近くに、数多《あまた》の映画と音楽の本も。その部屋には、じっくり選んでいるご年配者と若者二人がいらっしゃったのが印象的だった。

SHOP DATA 町田市森野1・31・17/小田急町田駅北口から徒歩5分/☎042・725・7554/10時～20時/第3水曜休

085

BOOKS 青いカバ《本駒込》

「愛らしいが凶暴」カバと本は似ている

不忍通りに面し、東洋文庫ミュージアムのすぐそば。店頭にお祝いの花がいっぱいなので、すぐに分かった。「BOOKS 青いカバ」は2017年1月9日にオープンしたばかりの本屋さんだ。

平台に平積みされた『本屋、はじめました』(辻山良雄著、苦楽堂)が目に飛び込み、「まるでこの店のことみたい」と思いきや、「去年、荻窪で始められた新刊書店『タイトル』さんの本です。辻山さんと池袋のリブロで机を並べていました」と店主の小国貴司さん。13年間リブロに勤務後、独立したそうだ。古書中心だが新刊も置く。

ユニークな店名は「カバは愛らしいけど、実は凶暴。本に似てると思ったから」とのこと。『カバの本』(ヒポミ=文・写真、幻戯書房)もあった。15坪の店内は明るい。

「まだ6000~7000冊。オールジャンルです」

絵本や漫画がかたまった近くに『ドラえもんの理科おもしろ攻略』『小学生のための漢字を覚える辞典』などさりげなく子どもに与えたい本が。文芸の棚に『無名長夜』『第五の季節』『お供え』と芥川賞作家・吉田知子の著作が3冊も面陳列されている。『ペリー提督と開国条約』『明治再見』なんて本もオーラを放つ。

さらに、翻訳本がざっと500冊以上もずらり。「ずいぶん多いですね」と言うと、「僕、海外文学をずっと読んできたんです」と小国さん。してやったりの表情となった。

「今、ヨーロッパ周辺にブームがきています」

『ムシェ』（キルメン・ウリベ著、金子奈美訳、白水社）を手に、「話者が100万人にも満たないバスク語で敢えて書かれているんです。スペイン内戦下でバスクから疎開した少女と、ベルギーの若者ムシェらの物語。ノンフィクション仕立てですごく面白い」。はたまた『あの素晴らしき七年』（エトガル・ケレット著、秋元孝文訳、新潮社）を取り出し「イスラエルの作家の、息子が生まれてから父が死ぬまで7年間の自伝的エッセイ。戦争と隣り合わせの中にユーモアがあって」。

小国さんの饒舌な案内に、翻訳本のハードルが一気に下がり、後者を購入。訪問中「いつ開店したんですか」と覗いていく人が多く、滑り出し快調のようだ。

SHOP DATA 文京区本駒込2-28-24 谷口ビル1階／JR山手線・地下鉄南北線駒込駅および都営三田線千石駅から徒歩6分／☎03・6883・4507／11時～21時（日曜・祝日19時まで）／不定休

086 ミステリー文学資料館《池袋》

蔵書2万5000冊「ミステリー専門」はわが国唯一

池袋駅から歩いても7～8分。要町通りに面した入り口を入ると、右手に書棚が並び、ゆったり10人がけの机がある。迎えてくれた事務局長・北村一男さんが、「地下の閉架書庫を合わせ、蔵書は2万5000冊です」とまず説明してくれた。我が国唯一のミステリー専門の図書館だ。

ミステリー文学は、明治20年代の黒岩涙香の翻訳小説に端《たん》を発し、戦前の探偵小説、戦後の推理小説、ミステリーと呼称を変えながら成長してきて、日本推理作家協会に700名弱の会員がいるそうだ。「古いものを中心に充実させています」とのことで、案内された棚がふるっている。1920年（大正9）の創刊から30年間続いたという雑誌「新青年」がずらり。

「江戸川乱歩や横溝正史らの活躍の場だったんです」と、北村さんが取り出した1冊に「二銭銅貨」が掲載されていた。江戸川乱歩の処女作だ。「あの泥棒が羨しい。二人の間にこんな言葉が交される程、其頃は窮迫していた」という書き出しと、おどろおどろしい挿絵にそそられる。

　ザラ紙の薄い雑誌もたんまり。「探偵倶楽部」「猟奇」「黒猫」「真珠」「密室」など戦後すぐ発行のカストリ雑誌が並んでいて、ページを繰《く》ってみると、「誰にもいえないSEX体験談について、グラマー娘と楽しく語り合いたい」との読者投稿や、あからさまな精力剤の広告も目につき、思わずにんまりする。表紙にダイヤモンドの絵が描かれた、1946年（昭和21）発行の「宝石」創刊号にも心が奪われる。

　そんなこんなの古き時代に浸っていると、「面白いものをお見せしましょう」と北村さん。江戸川乱歩が1928年（昭和3）にまるで自分史のようにまとめたスクラップブック『貼雑年譜《はりまぜ》』だった。自著の広告から住まいの見取り図まであリとあらゆるものがペタペタと貼ってある。東京創元社が200部復刻した中の一冊で、なんと価格は30万円。このスクラップブックと前述の「新青年」を机の上に広げ、乱歩に思いを馳《は》せる小一時間を過ごした。

　館内では、年2回、写真パネルや自筆原稿などを展示する作家展が開催されている。

SHOP DATA 豊島区池袋3-1-2　光文社ビル1階／地下鉄有楽町線要町駅5番出口から徒歩3分／☎03・3986・3024／9時30分〜16時30分／日曜・月曜・5月1日休／入館料300円

087

風俗資料館《飯田橋》

人目を気にせずSM・フェティシズム本が読める

「風俗」ってポルノとかそっちのほうかと思ったら、違う。日本唯一のSM・フェティシズム専門図書館だそうで、ドキドキしながらビルの一室のドアを開けると、女性に「こんにちは」と快活に迎えられ、ほっとする。館長の中原るつさんだった。

「私は本好きから入りましたが、サディズム、マゾヒズム、フェティシズムつまり性器の結合をクライマックスとしない行為は、百人いれば百通りのこだわりがある分野なんですね。ここは、絵や雑誌や本で脳みその快楽を楽しむ図書館です」

会員制だが、ビジターとしての入館も可能で、壁面に新旧のSM雑誌がずらり。お尻を縛られた女性の絵も掛かっている。蔵書約2万冊、会員数は「何千人」単位。30年前、「奇譚クラブ」「裏窓」とともに戦後の三大SM誌といわれた「風俗奇譚」の元編集長・高倉一さんが、スパンキング（お仕置き）小説家・平牙人さんとコレクションを持ち寄り、「共有の書庫」的に開設したのが始まりだとか。「SM誌って、家でのびのびと見ることができないでしょう？　なので、安心して見られる場ですね」

大正時代に刊行されていた「変態・資料」という雑誌をめぐる。あとがきに「医学博士、文学博士らが同好である」との旨が書かれている。「読み方によるんですよ。たとえば、戦後のカストリ雑誌『猟奇』を短編小説と思って読む人もいれば、女の人が捕まって苦難に遭《あ》うシーンを好んで読む人もいたわけです」と中原さんが教えてくれる。

「ここにしかないモノ、何か見せてください」とリクエスト。取り出された大判の絵を見て、息を呑む。日本髪の裸の女性が縄でぐるぐる巻きになっていたり、木枠の中に閉じ込められていたり。「責め絵」で名高い画家、伊藤晴雨の原画10枚組だった。さらに「海辺や農村などで女性が突然何者かにさらわれる」的な絵のシリーズも。

「これはマニアの方からの寄贈です」と「A氏コレクション」と記したスクラップブックも見せてくれる。「女性が捕らえられ、助けが来ない絵がお好きな方ですね。一般誌のイラストとかを切り抜きされています」。口元の寂しい（?）絵には、ご自分で猿ぐつわを付加して描いていらっしゃる。とことんマニアックだ。

SHOP DATA 新宿区揚場町2-17 川島第2ビル5階／地下鉄各線飯田橋駅B1出口から徒歩4分／☎03・5261・9557／10時～18時（金曜21時まで／水曜19時～21時は女性限定）／木曜・日曜・6月2日～30日休／入会金1万円・月会費3500円、ビジター入館料5500円

088

食の文化ライブラリー《高輪》

江戸の豆腐料理本や昭和4年のグルメ本のはしりなど4万冊

びっくりした。ありとあらゆる「食」関連の本が、公共図書館を大きくしのぐ規模で揃っていたからだ。

「雑誌を含み4万冊を所蔵しています」と、公益財団法人・味の素食の文化センターの草野美保さん。味の素がメセナ活動の一環で、「食文化という言葉すら一般的でなかった」という1989年に開館。食文化一般、食材、調理、食生活、外食産業、食と健康、食料経済・農業・農政など独自に12分類し、一般開放してきたという。

気の利いた本屋さんのように、「話題の本」的なコーナーがあった。無形文化遺産登録を意識した「日本食」や「朝ごはんレシピ」などのくくりで、「スタッフおすすめ」の本の面陳列。その中から『うま味とだしと鰹節』『脳は朝ご飯で決まる！』を後で読もうと目でチェックし先に進むと、12分類をさらに細分したインデックスが棚についている。『戦後の食文化』『飢餓など特別な状況下の食』『映画と食』『豆』『酒』あるいは地域別といった具合で、民俗学、統計学、家政学など、すべて網羅している。

「どなたにも、食の何らかの興味にヒットする本に出合っていただけます」と、草野さんの言うとおりだ。

別仕事の資料用に『昭和二十年』『シャンパン風ドブロク』を借りようと、手に持ってうろうろしていると、草野さんが「古いものもありますよ」と。

飛鳥山でのお花見の光景が描かれた錦絵（「江戸名所図会」から）と、豆腐の調理方法を紹介した『豆腐百珍』（天明2年刊）を見せてくれた。風物を愛《め》で、作り、味わう。連綿と続いてきた文化だと、改めて感動を新たにする。

さらに1929年（昭和4）に発行されたという『東京名物　食べある記』も見せてくれる。時事新報という新聞の記者が書いたグルメ本のはしりだそう。銀座千疋屋、高島屋食堂、駒形どぜう、柴又くず餅など、今も健在な店も登場している。

「家庭人を善導する意味もあって、清新、安易な名物の紹介を眼目とした」との前書きもステキだこと。これは持ち出し禁止図書のため、コピーをとらせていただいた。

SHOP DATA 港区高輪3-13-65　味の素グループ高輪研修センター内／都営浅草線高輪台駅から徒歩3分／☎03・5488・7318／10時〜17時／日曜・祝日休／入館無料・図書貸出登録料100円

089

松竹大谷図書館《東銀座》

ここにしかない「寅さん」のシナリオも読める

映画や演劇の専門図書館だ。本が並んでいるだろうとドアを開けると、大きな机3つに計14席。閲覧室だった。3人の先客が、複数冊の本と向き合い、メモをとっておられる。

「閉架書庫に約46万点を所蔵しています。閲覧したい本をカード目録や、近年のものはパソコンで検索して『資料請求票』に記入し、カウンターにご提示いただくと、私たちが書庫からお持ちします」と司書の飯塚美砂さん。壁面に引き出しがあり、カード目録が入っていた。

「カード目録って？」と、同行のカメラマンが耳打ちする。若い人は知らないのだ。

「パソコン普及前の図書館の蔵書検索の王道。一冊ずつ本の情報を書いたカード」と、先輩風（？）を吹かせる。

カード目録は、一般図書館で採用されている日本十進分類法に則り、歌舞伎、新劇、映画などと独自に細分化。カードの配列はアルファベット順だ。試しに「人物」カテゴリーのところから、小津安二郎、杉村春子の引き出しを開けると、著作も評伝も評論も、カードに収まっている。端正な手書き文字から、大切に資料が保管されてきたと伝わってくる。

1955年（昭和30）に文化勲章を受章した松竹株式会社の創立者の一人、大谷竹次郎氏が「受章は自分だけのものじゃない」との思いで、貴重な資料を後世に残すために設けたのが始まりという。「市販されていない資料も多く、たとえばこういう台本」と飯塚さんが「男はつらいよ」の台本数冊を見せてくれた。「準備稿」「第二稿」「決定稿」などと表記されている。「撮影していく段階で、変わっていくんですね」。知らなかった。寅さんの台詞が〝進化〟していく微妙な過程を知り得るのである。

「漠然と遊びに行こうというのではなく、目的をもって来てほしいです」

女性6人の司書がいる。「たとえば、『こんな料理の出てくる映画、お芝居は』『お葬式シーンのある映画は』と聞いたら？」「皆で協議して、関連図書を案内できると思います」。レファレンス・サービスも完璧なのだ。

「昭和30年ごろは、まるで連ドラのように週一で映画が封切られていた」との余談から、木下恵介監督の「二十四の瞳」小津安二郎監督の「彼岸花」のガリ版の台本も見せてもらう。

SHOP DATA 中央区築地1・13・1　銀座松竹スクエア3階／／地下鉄各線東銀座駅5番出口から徒歩3分／☎03・5550・1694／10時～17時／土日・祝日・最終木曜・5月1日・11月22日、春期・夏期特別整理期間休／入館無料

090

江戸東京博物館図書室《両国》

歴史や文化に関する資料が24万点。「江戸はモミの木だらけ」を示す本も

入口を入り、すぐに「面白い！」と足が止まってしまった。

左手に「人名を調べる」「法令を調べる」「地名を調べる」などと書かれ、札のついた棚があり、百科事典のような分厚い本が並んでいる。

その中から「新訂　寛政重修諸家譜」を開くと、全国の大名、旗本らの系譜が２００年前の人の文字でずらり。徳川家15代の日々が記録された『徳川実紀』は、まるで文語体のブログだ。「幕末明治　海外渡航者総覧」では、開国まもないその時代に４２００人もの海外渡航者がいたと知り、驚く。新島襄や夏目漱石の詳細な渡航記録も載っている。「江戸商家・商人名データ総覧」には米屋も材木屋も「三河屋」も出てくる。あらゆる方向から、江戸・明治時代が目の前にリアルに迫ってきたのである。

「わが家のルーツ探しに来られる方もいらっしゃいますよ。江戸・東京の歴史や文化についての資料の探し方のご相談にものります」

と都市歴史研究室司書の式淳子さん。江戸・東京に関する24万点もの図書資料を閲覧できるという。硬派な図書から、明治時代の雑誌「風俗画報」、あるいは近年の情報誌「ぴあ」までバックナンバーもばっちり揃っている。

実は、今回私には調べたいことがあった。先日、ご縁があってお会いした東京農工大学名誉教授の亀山章先生から、「江戸はモミの木だらけだった」と聞き、「本当?」と思っていたのだ。式さんにその旨を伝えると、ものの15分ほどで8冊もの資料を揃えてくれた。

そのうちの1冊「江戸城下変遷絵図集」の大久保での紅葉狩り風景にも、「江戸名所図会」の日本橋を中心にした鳥瞰図にも、松に似て非なる形状の木が林立していて、「モミの木っぽいですね」と式さんと顔を見合わせる。「東京名所図会・西郊之部」には、代々木に代々モミの大木があり、地名の由来との説も記述されていた。びっくりだ。

館内にいると、紙の本が発する得も言えぬ匂いが心地いい。すべてが貴重本だ。劣化を防ぐため、すべての本はポリプロピレンのカバーがかけられ、レッテルをカバーの上に貼る配慮もされている。

SHOP DATA
墨田区横網1-4-1　江戸東京博物館7階／JR総武線両国駅から徒歩3分／☎03・3626・9974／9時30分〜17時30分／月曜（祝日の場合は翌火曜）休／入館無料

091

鉄道博物館ライブラリー《大宮》

明治5年の時刻表の表記は「8時」ではなく「8字」だった

鉄道ファンの聖地、鉄道博物館へ行った。まず「車両ステーション」へ。明治初期にイギリスから輸入された日本初の蒸気機関車のほか、国鉄マークの入った特急「とき」、「夢の超特急」だった0系新幹線など、さまざまな時代に日本列島を力強く駆けた列車を見物し、胸が高鳴った。その足で2階のライブラリーに行く。閲覧30席がある閉架式の図書室だ。

「鉄道関係のほぼすべての雑誌のバックナンバーや、鉄道の歴史、技術、年鑑など約3万7000冊を所蔵しています」と、主幹学芸員の川野敬子さん。

私の頭には、先ほど見た日本初の蒸気機関車がこびりついていたから、「〝汽笛一声新橋を〟の頃の時刻表ありますか」と聞いてみる。

「もちろん。時刻表も全巻揃っています」

喜んだ私の表情を見て取り(?)、川野さんは数冊の時刻表を出してきてくれた。

最も古いのは、「汽車出發時刻表及賃金表」。明治5年すなわち鉄道開業時のもの(レプリカ)で、縦書き・漢数字の表だ。一日9往復。東京駅(新橋)から横浜駅(桜木町)まで53

分。「上等」の運賃「二両二朱」。

品川、川崎、鶴見、神奈川の各駅に停車した、と読み取れるまで少々の時間を要した。東京・横浜両駅同時刻の出発がまとめられている上に、たとえば「8時」ではなく「8字」の表示だったからだ。「太陽暦が導入される前だったので、『一時《いっとき》』（約2時間）や『半時』（約1時間）という時間単位と区別していたんですね」

さらには「分刻みの時間の概念が必要になったのは鉄道からかも」だなんて、目からウロコだ。運賃も「これは旧貨幣の表示。今に換算すると、おおよそ1万5000円ですね」

明治19年の新橋・赤羽間の「汽車発着時刻並乗車賃金表」、22年に神戸まで全線開通後の東海道線の時刻表、そして毎月の発行になった明治27年の「汽車汽船旅行案内」も見せてもらい、いちいち歓声を上げてしまう。時代の精査にも役立ちそうと思いきや、「NHKの朝の連続テレビ小説の方も来られましたよ」

館内には、海外の絵本が並ぶ「キッズライブラリー」（予約不要）もある。

SHOP DATA さいたま市大宮区大成町3‐47　鉄道博物館2階／ニューシャトル鉄道博物館前駅から徒歩1分／☎048・651・0088（平日は予約必要）／10時〜18時／火曜休／鉄道博物館入館料1000円

092 昭和館図書室《九段下》

「決戦食」を検索したら馬鈴薯がヒット

地下鉄九段下駅前にある「伝えたい、戦中・戦後の暮らし」がキャッチフレーズの「昭和館」の4階。昭和10年頃から30年頃の暮らしの体験記や各地の戦災記録、写真集などが並んでいる。

「戦中・戦後の国民生活を伝える専門図書館です」と、図書係の方。厚生労働省社会・援護局の所管で1999年に開館した。蔵書10万冊という。

年がばれるが、駆け出しの頃、先人にインタビューすると多くが戦時体験者だったが、すでに戦争は遠くなった。戦没者遺族という言葉を聞くのも久しぶりだ。「過去を知ることは、現在を知ることとです」と言われて、はっとする。

図書係の方が、検索パソコンに「三島由紀夫」と打つと、327件もヒットした。著書だけでなく、取り上げられた本の目次も新聞・雑誌記事も出てくる検索システムなのだ。

ふと「決戦食（食糧難の時代の食べ物）」を検索してみた。ヒットした『馬鈴薯の貯へ方と食べ方』（大政翼賛会戦争生活協力會、昭和19年）を出してもらう。

「多収穫で熱量多く（中略）不作を知らぬ食物です」と説明されている。

あちこちに植えられたと想像していると、図書係の方が「婦人之友」20年8月号を持ってきてくれた。「南瓜は風通しのよい縁の軒先に、縄を十文字にかけて吊るす」などと「食糧の貯蔵法」が記されていて、実用的だ。

「薄いざら紙に印刷された戦中戦後の雑誌、揃っています」と、係の方は胸を張る。

「少年倶楽部」20年7月号の表紙コピーが「一億総鉢巻」なのに対し、8月・9月合併号は「仰げ日の丸　新日本の門出だ」。「主婦之友」の同年9月・10月号の表紙には「THE SHUFU-NO-TOMO」と横文字が登場している。戦中・戦後の端境期《はざかい》の意識や暮らしを知りたくなって、3時間滞在。栄養食や木炭の作り方、「話せば解るアメリカ人」なんて記事も次々出てきて、読みふける。

帰りがけ、「一つの言葉の検索から、思わぬところに関心が飛び火するでしょう?」と図書係の方。まったくその通りです!

SHOP DATA 千代田区九段南1・6・1／地下鉄各線九段下駅からすぐ／☎03・3222・2573／10時〜17時30分（資料請求は17時まで）／月曜（祝日の場合は翌火曜）休／入館無料

093

立川まんがぱーく《立川》

畳の上に寝そべって読むのもOK

元は立川市役所の建物という、入口前に芝生が広がる建物の2階。カフェコーナーの奥に広がる、開放的な畳敷きのマンガ専門図書館だ。耳にやさしいピアノ音楽がかかる中、畳に寝転がって読んでいる人も、テーブルでお弁当を食べながら読んでいる人も、押し入れのような半個室スペースにこもって読んでいる人もいる。

「はい、なんでもアリです。平日の入館は大人が8割。漫画喫茶より安いって好評です」と、指定管理業者の(株)合人計画研究所統括マネージャーで館長の福士真人さん。立川を舞台にするマンガが多いことにちなんで、2013年3月に開館したのだそう。

「食・料理」「ビジネス・資格・政治・経済」「趣味・娯楽・スポーツ」などの10項目にジャンル分けした棚に、マンガ本が約4万冊。最奥の「受験・教科・資格」のコーナーに『源氏物語』『四字熟語辞典』『カント』『イスラム教』といったタイトルの本まで並ぶさまに目を見張っていると、「今やマンガはさまざまなコンテンツとつながっていますから」と福士さんがおっしゃる。

個人的にはマンガは強い分野ではないが、それでもかつて主人公リカになったつもりで読んだ『東京ラブストーリー』にはじまり、『島耕作』シリーズや『黄昏流星群』、それに『美味しんぼ』『火の鳥』を取り出して、わが人生を振り返る。「田河水泡先生のご子息から寄贈いただきました」という「のらくろ」シリーズを読んで、戦前戦中の世界にも入る。

そして、せっかくだからご当地ものをとリクエストすると、福士さんが『聖☆おにいさん』（中村光）を持ってきてくれた。

「キリストとブッダが立川でアパートをシェアして暮らすお話です」

カメラマンが「そのマンガ、映画化もされて有名ですよ」と耳打ちしてくれ、頭によぎったのは、以前に江戸川区の新刊書店「読書のすすめ」の店主から聞いた「初めて出合ったら、その人にとっては新刊」という言葉。恥ずかしながら、私にとっては〝新刊〟だ。浪費家のイエスに締まり屋のブッダ。宗教逸話が現代的に登場していて、笑い転げつつ、ぐいぐい読んだ。

SHOP DATA 立川市錦町3-2-26 立川市子ども未来センター2階／JR中央線立川駅南口から徒歩13分、／☎042・529・8682／平日10時～19時、土日祝日10時～20時（入館はいずれも閉館1時間前まで）／無休／入館料大人400円、小中学生200円

094

雑誌専門図書館　六月社《高田馬場》

圧巻！　人力リサーチサービス

外からは2階建ての民家にしか見えない、雑誌専門の私設図書館だ。1983年（昭和58）以降の400種以上の商業雑誌が約10万冊、開架書棚にぎっしり並んでいる。利用するには法人会員になる必要があり、マスコミの利用が9割だが、1割は商社やメーカー。バイヤーや企画担当者らにも重宝な、驚くべきリサーチサービスが備わっている。

「2000年発行分までは手書きのカードで、それ以降はパソコンで、全見出しのデータのほか、人名毎など独自の検索カードも持っています。さらに、私も3人のスタッフも長年の経験から脳みそに広くデータが入っているので、それらを駆使して精度の高いリサーチ情報を提供できます」と、代表の橋本凌一さん。

たとえば「（取引先の）企業情報」「（取引先の）社長××さんの趣味」「××商店街の活性化」などと詳目を伝えると、関連する記事が掲載された雑誌を揃えてくれる。国会図書館も大宅文庫も書名や見出しでの検索止まりだから、人力でその上をゆくのだ。切り抜きをまとめて郵送してくれるサービスもある。

迷路のような通路を進むと、「フライデー」「フォーカス」「エンマ」「タッチ」など写真週刊誌の数々も目に入る。

「雑誌はまさに各時代の証言者ですよね」と言うと、「そう。命がけで作られた雑誌だって多いのです。もっとも、目下スマホの時代への対応にもがいているんですが」と橋本さんは苦笑する。貴重な雑誌の現物を目の前に出しても、近ごろの若い人はページを開かずスマホで確認するそうだ。

スタッフの加藤幸枝さんが、「例外的に70年代の雑誌もあります」と70年3月発行の「an・an」創刊号を見せてくれた。フランスの「ELLE」誌との提携で、駐日フランス大使や佐藤栄作首相夫人、アラン・ドロンらがお祝いメッセージを、三島由紀夫がエッセーを寄せている。大阪万博の開幕と同じタイミング。若い女の子に向けたファッション雑誌とは思えないほど、鳴り物入りの創刊だったのだ——。

法人会員は「部署単位でどうぞ」とのこと。あらゆる職種の人にお教えしたい図書館だ。

SHOP DATA 新宿区高田馬場3-8-13／JR山手線・地下鉄東西線高田馬場駅から徒歩3分／☎03・3367・4772／11時〜21時（入館20時30分まで）／土曜・日曜・祝日休／会員登録料=法人会員1年間1万円

095

みどりの図書館 東京グリーンアーカイブス《日比谷》

「公園」は明治政府が作った言葉だった

日比谷公園内にある、公園や緑地、園芸に関する図書の専門図書館だ。

まず、『庭師 小川治兵衛とその時代』『気になる木がわかる』などが面陳列された「新着図書コーナー」に目がとまった後、ふと振り向くと、壁に植栽や建物が詳細に描かれた絵地図が掛かっていた。

「増上寺を中心とした明治6年の『芝公園計画図』です。モミジの紅葉も、咲く桜も、季節混在で描かれているの、分かりますか」と、東京都公園協会・緑と水の市民カレッジ事務局の方。ほんとだ。四季を通じて楽しめる公園にしたいという意気込みが伝わってくる。

芝公園は上野、浅草、深川、麹町、愛宕、飛鳥山と共に、東京で最も古い7つの〝太政官布達公園〟の一つなんだそうだ。そもそも公園という言葉は明治時代に作られた新語だそうで、びっくり。

「明治政府が欧米の列国を真似る中、明治6年に『公園制度を作るから、ふさわしい土地を挙げよ』と太政官布達。20年までに全国81の公園が誕生します。そのうち7つが東京で、いずれも、もともと賑わっていた寺社境内。当時の公園には盛り場の概念もあったのです」

途中、何度「え〜」と驚きの声を上げたことか。「じゃあ、ここ日比谷公園は?」

「明治中期の都市計画『東京市区改正』構想の一部として、寺社の境内ではない公園を一からつくることになり、その最初が日比谷公園です」

日比谷公園設計図のデジタル版を見せてもらい、実物も見たいと申請。やはり緻密だ。林学博士・本多静六氏の作だそう。曲線の遊歩道がしゃれていると思いきや、「日本初の西洋式の公園」とのこと。

「後に東京駅を設計する辰野金吾の案など和風の5案が却下され、このデザインに決まりました。公園自体で収益を上げるためテナントが入ったのも、日比谷公園が最初なんです」と、小冊子「日本文化になった洋風庭園」「都市公園」(共に東京都公園協会刊)を手に説明してくれる。知れば知るほど、知りたいことが増える!

古写真、図面を含め、蔵書数約17万点。調べものを職員が手伝ってくれるレファレンスサービスも完璧な図書館だ。

SHOP DATA 千代田区日比谷公園1-6 緑と水の市民カレッジ2階/地下鉄丸ノ内線・千代田線霞ケ関駅から徒歩3分/☎03・5532・1306/9時〜17時、日曜・祝日休

096

航空図書館《新橋》

ライト兄弟初飛行の7年後に日本で飛行機が飛んだ

入口を入ると、まず「エアワールド」「エアライン」「エアステージ」など数々の航空関係の雑誌の最新号とバックナンバーが並んでいる。

「来館者にはおだんごヘアースタイルの女性も多く、客室乗務員志望の人だなとすぐに分かります。航空会社の企業研究のために来られる方も多いです」と、課長代理の中村優子さんが言う。

約93平米の一室に、単行本1万冊、雑誌280種類を擁する航空の専門図書館だ。大隈重信を初代会長に1913年(大正2)に発足した帝国飛行協会をルーツとする一般財団法人日本航空協会が、航空知識普及及び事業の一環として1955年(昭和30)に開館したのだそう。

「そもそも日本で飛行機はいつから?」の質問に、専任部長の長島宏行さんが答えてくれた。

「日本で最初に飛行機の動力飛行が成功したのは1910年(明治43)。前年に渡欧し、操縦法を修得してきた陸軍の2人の大将が、代々木練兵場(現・代々木公園辺り)で飛行しました。ライト兄弟の初飛行からわずか7年後です」

このときの飛行機はフランス等で購入したものだったが、翌1911年に男爵の奈良原三次が初の国産機をつくり、戸山《とやま》が原《はら》練兵場（現・新宿区）で公開したのだという。その時のことが記録されている『それでも私は飛ぶ　翼の記憶1909―1940』（日本航空協会刊）という写真集を見せてくれた。

すごいすごい。張線（鉄のワイヤー）と布で出来た飛行機が空中を飛んでいるのもすごいし、世紀の瞬間をこの目で見ようとわんさか群衆が詰めかけた様子もすごい。塀によじ登っているご仁もいる。「よくぞ撮れた。写真の技術もすごい」と同行のカメラマン。飛行に失敗し、墜落した飛行機の写真まで収録されている。

「飛行家志望の青年に与ふるの書」などの記事が載った1920年創刊の雑誌「飛行」（帝国飛行協会刊）も興味津々にのぞき込んだ後、「では、旅客機はいつから？」と再び聞く。「1922年、大阪・堺大浜～徳島間が最初の定期航空です」と、『日本のエアライン事始』（平木國夫著　交通研究協会刊）を取り出して教えてくれる。知らなかったことばかりだ。

SHOP DATA　港区新橋1‐18‐1　航空会館6階／新橋駅から徒歩3分、都営三田線内幸町駅A2出口からすぐ／☎03・3502・1205／10時～17時／第3土曜以外の土曜・日曜・祝日休／入館無料・館外貸出年間登録料4000円

097

三康図書館《芝公園》

安藤広重の「江戸名所図会」の下絵と完成形を見比べる

窓から街路樹の緑が見える、隠れ家的な図書館だ。整然と机が並び、閲覧席が36席。そして壁際には、「哲学・宗教」「民俗学」「芸術・文学」などに分けられた棚にびっしり本が並んでいる。

「どうぞ涼みに来てください（笑）。開架書棚でご覧になる本が、その先の世界の興味への入口になればうれしいです。ワインソムリエの本を探しに来たのをきっかけに、戦前の飲食物に興味が広がった方もいらっしゃいます」と、司書の浅井真帆さん。

この図書室のルーツは、大正時代にモダニズム雑誌「新青年」を刊行したことでも知られる出版社、博文館の社主、大橋佐平氏が１９０２年（明治35）、麴町に開設した大橋図書館。海外視察し、当時帝国図書館、私立は成田山仏教図書館しかなかった日本に、誰もが利用できる図書館の必要性を感じたのだそう。

関東大震災で辛酸《しんさん》をなめたが、戦災は免れた。戦後、西武鉄道グループ創設者の堤康次郎が蔵書を引き継ぎ、増上寺の協力を得て、１９６６年（昭和41）から今の形になった――と説明してくれた。

「蔵書は文学、歴史、地誌類を中心にオールジャンル。図書約25万8000冊、雑誌約770タイトルです」って、かなりの量だ。

書棚を巡り、『葬制の起源』『近代火葬の民俗学』など、目下の私の興味を満たしてくれそうな本を見つけ、後で読もうとチェック。浅井さんに「ここにしかないモノ、ありますか？」と聞く。「松尾芭蕉や山崎宗鑑の自筆とか、狩野晏川《あせん》・狩野勝一が模写した江戸城襖《ふすま》絵図とか」と、すごいモノの名が挙がるわ、「安藤広重の『江戸名所図会』の下絵をお見せしましょうか」と大サービスの言が飛ぶわ。ぞくぞくしてくる。

閉架書庫から「江戸名所図会」と、その下絵が描かれた巻き紙を持ってきてくれた。200年以上前の絵師、長谷川雪旦の筆遣いが目の前に。烏森稲荷社（新橋）の鳥瞰図は、鳥居の下に参詣者多数。赤ちゃんを抱いた女性もいる。下絵の社殿はラフだが、完成図は屋根の桧皮葺《ひわだぶ》の詳細まであありあり。見入るうちに、頭の中が江戸時代にタイムスリップ。旧仮名遣いの説明文が読めないのがはがゆい。勉強しよう、と、思った。

SHOP DATA 港区芝公園4-7-4　明照会館1階／都営大江戸線赤羽橋駅から徒歩5分／☎03・3431・6073／9時30分～17時／土曜・日曜・祝日休／入館資格16歳以上・入館料100円

098

紙の博物館　図書室《王子》

王子が洋紙発祥の地となったのは「ボロ」のせい

先日「みどりの図書館 東京アーカイブス」で、明治初期の太政官布達による東京で最も古い7つの公園の一つと知った、JR王子駅近くの緑豊かな飛鳥山公園の中。紙の博物館内に図書室がある。

「明治天皇行幸所製紙場」の石碑や「製紙一手販売所」の看板等が展示された入り口を入ると、司書・学芸員の竹田理恵子さんが迎えてくれた。

「戦前に王子製紙本社があった王子が、洋紙の製紙工業の発祥地なんです。明治天皇は飛鳥山からご覧になって『満足だ』とおっしゃったとか。製紙工場は文明開化の証《あか》しだったんですね」と、いきなり心惹かれる話が出た。王子製紙の史料室勤務だった成田潔英が尽力し、1951年（昭和26）に開館したという。

蔵書は、広く紙に関する本約1万5000点と雑誌約70タイトル。移動式の書架をのぞくと、各製紙会社の社史あり、和紙・洋紙の歴史の本あり、「民俗学」「文学」などのコーナーもある。『遊女風俗姿細見』が目に入り、「紙とどうつながっているんですか」と聞くと、

「仕事柄、懐紙などを遊女も使ったでしょう?」と竹田さん。守備範囲が広いのだ。

貴重な本を見せてもらった。全12巻、箱入り、限定800部の『和紙總鑑』（2000年紀和紙委員会発行）。現在手に入る全国の和紙の見本帳で、優雅な色沢、地合の和紙がびっしり。オリジナルの名刺を作るとき、ここから探したら完璧だなと思う。

ところで、先ほどの説明に触発されて、日本の製紙の事始めが気になり出した。竹田さんが『製紙業の一〇〇年・紙の文化と産業』（昭和48年、王子製紙株式会社刊）を取り出し、「紙の需要は、明治政府が紙幣や公債証書を発行するために飛躍的に増大したんですよ」と教えてくれる。日刊紙、雑誌の発行も拍車をかけた。王子製紙は1873年（明治6）に抄紙《しょうし》会社として始まり、イギリスから製紙機械を購入。イギリス人技師を雇い入れたのだそう。

「なぜ王子の地に?」

「石神井川の水を利用できたのと、当初原料としたボロを集めやすい地だったからなんですね」って、びっくりだ。

SHOP DATA 北区王子1-1-3／JR京浜東北線王子駅南口から徒歩5分、地下鉄南北線西ヶ原駅から徒歩7分／☎03・3916・2320／10時〜12時、13時〜17時／月曜休／紙の博物館入館料300円・閲覧は予約がベター

099

大宅壮一文庫《八幡山》

人名検索の1位は松田聖子、2位は小沢一郎、3位は長嶋茂雄

「一億総白痴化」「太陽族」などの名言を残したジャーナリスト・社会評論家の大宅壮一（1900～1970年）ゆかりの雑誌専門図書館だ。

22台の検索パソコンが並び、来館者が検索をしているのを横目に案内されたのが、窓辺に障子が配され、『新聞集録大正史』『人事興信録』など分厚く古い本に囲まれた大きな机のある部屋。資料課主事の鴨志田浩さんに「大宅壮一の書斎の再現です」と聞いてドキドキしたが、この図書館の誕生経緯を聞き、「さすが一流の人」と高揚した。

「大宅壮一は『本は読むものではなく、引くものだよ』と言っていたそうです。全国の古書店で買い集めた資料を、生前『雑草文庫』と称し、知人らに惜しみなく開放していたんです」

「蔵書で民衆のライブラリーを」との遺志により、亡くなった翌1971年、氏の蔵書20万部を開放して開館。76年のロッキード事件を機《き》に利用者が急増した。定期刊行物が発行と同時に各出版社から寄贈される形で増えた蔵書は、現在なんと約1万種類、78万冊。検索項目は約15万人の人名のほか、事象・事件名など多岐にわたっている。来館者数は一日約60人。

「人名検索の1位が松田聖子、2位が小沢一郎、3位が長嶋茂雄です」

聖子ちゃん、なぜそんなに？

「雑誌記事で自分の人生を振り返る一般の人の利用も多いんです」

黒沢岳さんが、「バックヤード」と呼ばれる地階～地上2階の書庫を案内してくれた。「地震にびくりともしなかった」というほど、ありとあらゆる雑誌が発行順にびっしり並ぶ。

「当時は皇太子のご成婚の時に、出版社系の週刊誌が創刊ラッシュだったんですね」と週刊現代や週刊文春の創刊号を取り出して見せてくれた。

その日私は、「花子とアン」のおかげで最近気になっている柳原白蓮関係の記事を検索して閲覧。ついでに自分の名前で検索すると、175件がヒット。忘却の彼方だった80年代に書いた記事も出てきて、うれしくなった。なお、前述の大宅壮一の書斎（再現）は、バックヤードツアーに参加すると入ることが出来る。

SHOP DATA 世田谷区八幡山3・10・20／京王線八幡山駅から徒歩8分／☎03・3303・2000／10時～18時／日曜・祝日休／入館500円（15冊まで。それ以上は10冊ごとに追加閲覧料100円。1日100冊まで）／コピーのFAXサービス、データベースのWeb検索も。第2土曜に無料の「バックヤードツアー」実施

100

切手の博物館　図書室《目白》

古切手を貼り合わせたアート作品が素晴らしい

1階に、北海道から沖縄まで都道府県別の記念切手が大量に展示されていた。単に切手コレクターのための博物館だろうと思いきや、微妙に違った。一隅の「はり絵」の展示コーナーに目が点になった。リアルに「おいしそう」なサーモンの切り身や「夏の絵日記みたい」なヒマワリが、古切手の小さな一片を何百枚も張り合わせて巧《たく》みに作られたものだと分かるまで、少々の時間を要した。

2階の図書室に到着し、「切手のアート作品の素晴らしさに驚きました」と言うと、「最近は単なる収集趣味の域を超えた切手好きの人が、ずいぶんいらっしゃるんですよ」と、司書の方。閉架書庫から『小判切手の至宝～設楽光弘コレクション』（日本郵趣協会刊）という大型本を持ってきてくれた。開くと、貼り絵の上をゆくような、切手によるアート作品がぎっしり。「設楽さんは『国際切手展』の受賞者。小判切手で郵政史や桜のストーリーなどを研究して表現し、英語の解説を付けられています」

初耳の「国際切手展」は国際郵趣連盟の加盟国の持ち回りで開かれている、テーマ別で構成する切手コレクション、「小判切手」は日本の切手の黎明期の1876～92年に発行されたものだそうだ。「印刷の色によってどこの印刷所で刷られたとか、消印の特徴だとか、特定出来ますしね」とのこと。マニアックな世界だ。そういうマニアはオタクっぽい人？「いいえ、近ごろ『切手女子』も増えていますす」

この博物館は世界的に著名な切手収集家・水原明窓が私財を投げ打って1988年に開館。図書室には切手関係図書約1万冊と「郵趣」「スタンプマガジン」「フィラテリスト」など雑誌・オークション誌約1500タイトルが所蔵されている。

この日私は、世界中の切手が集録された「スコット世界切手カタログ」（全6冊）のページを繰《く》って各国の切手のお国柄を楽しんだ後、カウンターで販売していた日本の切手の一覧「さくら日本切手カタログ」（郵趣サービス社、1000円）をついつい購入。

すっかり感化され、〝切手ワールド〟の第一歩を踏み出しそうな自分に苦笑いしながら図書室を後にした。

SHOP DATA 豊島区目白1-4-23／山手線目白駅から徒歩3分／☎03・5951・3331／10時30分～17時／月曜休／入館料大人200円、小中学生100円（「ふみの日」23日は無料）、閉架書庫利用料1日1000円

101

ポーラ化粧文化情報センター《五反田》

明治時代の美女コン1位は宮沢りえ似

化粧品会社の宣伝のための図書館？　と安直な想像は、入室するなり崩れた。書棚に「化粧の歴史」「化粧道具」「美容と医療」「装いの心理学」などに分けられて、古今東西の本がずらり。ありとあらゆる同業他社の社史も並んでいる。

「ポーラ文化研究所では１９７６年の設立以来、ファッション、髪形、美意識などを含め化粧にまつわる事柄を広く研究し、箱根のポーラ美術館などで展覧会を行なってきています。こうした活動で得た資料を２００５年からここで公開しているんです」

と、研究員の富澤洋子さんが言う。開架・閉架の書棚に合計1万５０００冊の本を所蔵しているそうだ。

「美の感覚って、時代でそうとう違いますよね」と言うと、富澤さんは『日本美人帖』と書いた紫色の表紙の本を持ってきてくれた。

「アメリカの新聞社が企画した世界美人選びに応え、時事新報社が日本初の一般女性の美人コンテストを行なった、明治41年刊の写真集です」

振り袖姿の若い女性たちが写っている。私の目には、皆が怒っているように見える。笑顔ではないのだ。「カメラの露出の関係で、何秒か制止するには笑えなかったんだろうな」と同行のカメラマンが言う。

「でも、浮世絵美人より、今の美人顔に近いですよ。一位の末広ヒロ子さんって方、世界6位に輝いたのですが、宮沢りえちゃんに似てませんか?」と富澤さん。そういえば。「小倉市長のお嬢さんで学習院女子の生徒さんでしたが、このコンテストに出て退学になった。でも、いいお家に輿入《こし》れした――と当時の新聞や『風俗画報』が書き立てています」

さらにページを開くと、10歳にも満たないと見える幼い女の子も続々登場。「当時は13歳くらいで婚約するのが普通でしたからね」。富澤さんは何でも知っている。

彼女らのお化粧は白粉《おしろい》と口紅だけだったというが、次に、絵と文字で書かれた1813年(文化10)刊の美容指南書『都風俗化粧伝《けわい》』を持ってきてくれ、「ナチュラルメークに見えるように、白粉を塗り重ねていたと書かれています。今と同じですね(笑)」

レファレンスサービスも充実の図書館だ。

SHOP DATA 品川区西五反田2-2-10 ポーラ第2五反田ビル1階/JR・都営浅草線五反田駅から徒歩3分/☎03・3494・7250/10時30分~17時/水曜日のみ開館/入室無料

102

印刷博物館ライブラリー《小石川》

世界最古の印刷物は、奈良時代の「百万塔陀羅尼」

「まずは展示をご覧ください」と司書の阿部麻里さんにいざなわれ、印刷博物館に足を踏み入れた。「現存する世界最古の印刷物です」と、奈良時代の経典だという「百万塔陀羅尼」や、「家康が作らせた銅活字です」と、刻印も鮮明な「駿河版銅活字」を案内され……。怪しそうな内臓のイラストが描かれた和本を見つけると、「それは杉田玄白の『解体新書』です」。いやはや、スゴいのひと言だ。

しかも「印刷の家」という一室には活版の文字がずらりと並び、活字拾いの職人「文撰工」さんもいらっしゃる。「私が最初に勤めたタウン誌は活版印刷で、出張校正に行っていた印刷所はこんな感じだった」と思わず言って、阿部さんに「え？　そんなに古い人？」といった感じで引かれてしまったが、胸が騒ぐ。さて、ライブラリーへ。

「印刷の歴史や社会的な背景を含めた印刷文化の関連図書約６万冊を所蔵しています」と阿部さん。ほとんどが閉架書庫での保管のため、閲覧を申し込むスタイルだが、開架書庫にもざっと５００冊が並んでいる。

「新着」の棚にあった『本屋さんの仕事』『銀座Hanako物語』を見やりつつ、「博物館で拝見したお宝について知りたい」と言うと、阿部さんが『印刷博物誌』（凸版印刷）を持ってきてくれる。１０００ページ超、５万４０００円。「印刷の歴史を文明史全般の中で論じる」という壮大な本だ。「百万塔陀羅尼」は厄除招福を唱えるサンスクリット語を漢字に当てたもので、銅版と木版の二説がある。１００万個の小塔に納めて10カ寺に納められた。家康の「駿河版銅活字」は、グーテンベルクの活版技術発明から約１４０年後、秀吉が文禄の役（１５９３）で持ち帰った朝鮮活字をもとに家康がつくらせた活字使用。『群書治要』が印刷された——。

と、さくっと読んで、興味倍増。「でも、漢字は数が多すぎたから、活版印刷はその後普及せず、江戸時代は木版に。日本での活版印刷は、明治維新後に本木昌造が鉛合金活字の鋳造に成功してからなんですよ」と阿部さんが教えてくれた。

SHOP DATA 文京区水道1-3-3 トッパン小石川ビル 印刷博物館1階／JR・地下鉄各線飯田橋駅から徒歩13分、有楽町線江戸川橋駅から徒歩8分／☎03・5840・2300／10時〜18時／月曜休（月曜が祝日の場合は開館、翌火曜休）／入館無料（印刷博物館入館は300円。木曜〜日曜の15時から、活字を拾って版を組み、印刷する体験もできる）

103

日本カメラ博物館　ＪＣＩＩライブラリー《半蔵門》

木村伊兵衛、土門拳ら巨匠たちの写真集が一堂に

　１８３９年製の銀板を使った世界初の市販カメラ「ジルー・ダゲレオタイプ・カメラ」、１８５４年頃に国内生産された漆塗りの「堆錦《ついきん》カメラ」、「デジカメのご先祖」といわれる１９８１年製の「ソニー・マビカ」試作機……。乾板からフィルムへ、そしてストロボ内蔵・自動露出、デジタルへと、順に約４００点ものカメラが並ぶ日本カメラ博物館を見学。思わず「すごい」と何度口走ったことか。現在のデジカメに入っている８００以上もの部品の展示にも圧倒されるばかりで、かれこれ１時間も見入ってから、ようやくライブラリーに足を踏み入れた。

「写真とカメラの専門図書館です。社史やメーカー広報誌も揃っています」と、文化部係長で学芸員の宮崎真二さんが言う。

　１９５４年に日本製カメラ・光学機器の検査・研究機関として発足し、89年に文化事業活動に転換したＪＣＩＩ（一般財団法人日本カメラ財団）が開設。内外の雑誌１３３０タイトル、本４万２０００冊を保有する。そのほとんどが閉架書庫にあり、閲覧を申し込む方式だ。

「自宅のパソコンからも検索できるので、目的物のプリントアウトを持って来る人が多いですね」

準備不足で来たので「著名写真家の初期の作品集を」なんてファジーなリクエストをさせていただく。

宮崎さんがすかさず『木村伊兵衛傑作写真集』『Shinoyama　篠山紀信と28人のおんなたち』、土門拳『室生寺』、森山大道『にっぽん劇場写真帖』、細江英公『薔薇刑』を持ってきてくれた。まず開いた『室生寺』の陰影鋭い仏像の写真に息をのみ、固まってしまった私である。

さらに古い雑誌をリクエストすると、１９２６年（大正15）の「アサヒカメラ」が目の前に。ぱっと開いたページに、おかっぱ頭の少女の写真。はにかむ心まで写し取られている。

訪問時、館内のフォトサロンで開催されていた、１００歳の現役写真家・笹本恒子作品展「１００人の女性たち」にも魅《み》せられ、ずいぶん長居した。日本の写真文化史を広く伝え、普及させるため、月単位で企画展が行なわれている。

SHOP DATA　千代田区一番町25　ＪＣＩＩビル／地下鉄半蔵門線半蔵門駅４番出口から徒歩１分／☎０３・３２６３・７１１１／10時〜17時（閲覧申し込みは16時30分まで）／土・日・祝日休／入館無料（日本カメラ博物館入館は３００円。月曜休・月曜が祝日の場合は開館、翌火曜休）

104

日比谷図書文化館《日比谷》

ビジネスマン御用達。旬の話題のコーナーもあり

日比谷公園内の正三角形の建物。数段の階段を上がって入館すると、真ん中に階段がある。「都立日比谷図書館時代をご存知で、『懐かしい』とおっしゃる方もいます」と、広報担当・コンシェルジュの並木百合さん。千代田区立に移行し、2011年に開館した図書中心の複合施設だ。

江戸城の縄張り（構造）の変遷についての展示もある1階のミュージアムに寄り道してから、2階の図書フロアへ上がるや否《いな》や、同行のカメラマンと「ここ最高」「さぼりに来れそう（笑）」と、言い合った。

並みの本屋さんより各種雑誌が揃っている「パープルゾーン」も使い勝手が良さそうだが、ビジネス、政治、法律のくくりの「オレンジゾーン」の棚に目を見張った。

訪問時は「書評に載った本」「異常気象」「アベノミクス」「賛否投票　スコットランド独立」「感染症」など、旬のカテゴリーの本が面陳列されていた。「賛否投票……」のところに、住民投票の仕組みや国内の実例を記した岩波新書『住民投票』（今井一著）もあり、さすがのチョイスである。さらに「働き方の可能性」と題したコーナーには、『ホワイト企業』『ダイバーシティ経営戦略』『入社五年目までの営業マンが学んでおくべき87のこと』『会社でうつになったとき』など約30冊が、やはり面陳列で並び、まさにビジネスマン御用達だ。

「こういった本や、バックナンバーも揃っている『判例タイムズ』など法律関係書、『経済センサス―活動調査報告』『情報メディア白書』など報告書、白書のご利用も多いようです」と並木さん。電源・LANケーブル付き閲覧席には、数冊を手元に置き、持ち込みのパソコンで仕事中と見受ける人もいる。蔵書数約19万冊って、すごい！

「1階のカフェ、地下のレストランに図書フロアの本を持ち込むことも、カフェで蓋付き飲み物を買って持ち込むこともOKです」（並木さん）

しかも、4階には昭和初期以前の本が開架本棚に並ぶ「特別研究室」があり、日比谷公園の緑が見える閲覧席（2時間300円）をスタディルームとして活用できる。公立図書館がこんなに〝進化〟しているって、心から驚いた。

SHOP DATA 千代田区日比谷公園1－4／地下鉄各線霞ヶ関駅B2、C3出口から徒歩5分／☎03・3502・3340（代表）／10時～22時（土曜19時まで、日曜・祝日17時まで）／第3月曜休／入館無料／千代田区民以外も貸出可

105

防災専門図書館《千代田区平河町》

江戸時代の「善光寺地震」を記録した絵図がリアル

館内に入ると、「新着」の棚に『近助の精神』『文豪たちの関東大震災体験記』『富士山噴火の歴史』などの本。自治体発行の広報誌の数々が並び、東日本大震災を報じる2011年の商業出版誌のコーナーもあった。「防災・災害」を専門にする日本唯一の図書館だ。

「災害とは、人に災いを及ぼすものを指します。自然災害に限らず、事故、公害、放射能汚染も含み、関係図書16万1000冊、雑誌480タイトルを所蔵しています」と、公益社団法人全国市有物件災害共済会・図書課長の森部隆さん。

公共建物を有する市が加入しやすい火災保険がなかったため、1949年（昭和24）に全国の市が共済事業を始めたのが、同会の発端。火災以外の損害の補塡《ほてん》にも拡大し、現在全国791市のうち766市が加入している。図書館は56年（昭和31）の開設だそうだ。

「江戸時代のかわら版も収集しているんですよ」に飛びつく。弘化4年（1847）の善光寺地震を描いた絵地図と、〝地震ナマズ〟が泣き上戸の〝えんまの子〟らと酒を酌み交《か》わす絵「大津会不尽《おおつえふし》」を拝見。前者は山からの噴煙や川の決壊がカラフルに描かれた俯瞰図、後者は「大津絵節」をもじったものとかで、ユーモラスこの上ない。記録としても美術としても貴重だ。劣化を防ぐため、「なるべくHPに公開のデジタル版で見てください」と案内しているが、「どうしても実物を見たい」向きにはこのように取り出してきてくれるそう。

次に「震災以降、居住地の安全度を確かめに来る一般の方が増えています」と聞き、「じゃあ、私も」と、再度食いつき、豊島区のわが住所を告げてみると——。司書の矢野陽子さんが『日本の液状化履歴マップ』（東京大学出版会　2万円）、『日本の断層マップ』（培風館3万2000円）、『首都大地震揺れやすさマップ』（旬報社　1800円）、豊島区防災課発行の「洪水ハザードマップ」を持ってきてくれた。調べ方を教えてもらい、探っていくと、総合的に「中の上」くらいの評価でひと安心する。

温故知新も最新情報を取得も可能な図書館。利用者数年間約1500人なんて、もったいない。

SHOP DATA 千代田区平河町2・4・1　日本都市センター会館8階／地下鉄各線永田町駅・有楽町線半蔵門駅から徒歩4分／☎03・5216・8716／9時〜17時／土・日・祝日休

106

野球殿堂博物館図書室《後楽園》

初期の野球にはマウンドがなかった

東京ドーム内にあるから巨人の博物館かと思ったら、大間違い。野球殿堂博物館は、プロ野球、高校野球、大学野球、社会人野球つまり野球全体をカバーするところだった。

告白すると、プロ野球12球団の人気選手のユニホームやバット、グラブなどの展示を見て、「一人ずつ、バットの形もズボンの長さも全然違うんだ」と驚くほど、私は野球に疎い。でも、面白いのなんのって。

アメリカで今に直接つながる最初の野球のルールが作られたのが1845年。日本に野球が上陸したのは1872年(明治5)で、第一大学区第一番中学(後の開成学校・東京大学)に伝わったとか、日本初の本格野球チームは1878年(明治11)に鉄道関係者が結成したとか。各時代のユニホーム等の展示一つにも、新スポーツへの「やる気」が真っ向から伝わったからだ。「アメリカの試合風景です」と、事業部図書室担当の茅根拓さんが案内してくれた模型もふるっていた。マウンドがない。ピッチャーが下投げしている。野手がグローブをしていない。フェアフライはワンバウンドで捕球してもアウト。今のルールやスタイルが整う以前ののんびりした光景がほほえましい。

そんなこんなを見学した後に図書室へ。野球関係の本や雑誌が15万冊、閉架書庫に詰まっている。「日本の野球草創期の本を」とリクエストすると、茅根さんは、明治28年刊行の第一高等学校「校友会雑誌」を持ってきてくれた。野球部が出来て、各界からの「おめでとう」が満載だ。「僕らが夢中になった本も見たいなあ」と同行のカメラマンがしびれを切らしている。阿吽の呼吸で（?）、茅根さんが雑誌やムックをどっさりと取り出してきた。

王貞治756号ホームランを報じる1977年（昭和52）の「週刊ベースボール」、野茂が大リーグ入りした年の「'95／大リーグ総ガイド」（ベースボールマガジン社）、後楽園球場のイラストマップも載った「ジャイアンツなんでもわかる百科」（報知新聞社）のほか、各球団の歴代のファンブック。茅根さんとカメラマンが、「日本中が沸きましたよね」と話を弾ませる（が、参加できなくて、トホホ）。野球ファンの皆さん、行ってください。

SHOP DATA 文京区後楽1・3・61／JR・地下鉄三田線水道橋駅または丸ノ内線・南北線後楽園駅から徒歩5分／☎03・3811・3600／3～9月は10時～18時、10～2月は10時～17時（入館は閉館時間の30分前まで）／月曜休（祝日、東京ドーム野球開催日および春・夏休み期間中は開館）／博物館入館料600円が必要

107

渋沢史料館　閲覧コーナー《飛鳥山》

日本の資本主義の父・渋沢栄一は600もの社会事業を手がけた

飛鳥山公園の中に、富岡製糸場や王子製紙、第一国立銀行も東京証券取引所を設立し、「日本の資本主義の父」といわれてきた渋沢栄一（1840〜1931）の邸宅がかつてあった。大正期建築の洋館「青淵《せいえん》文庫」と本瓦葺きの「晩香盧《ばんこうろ》」。渋沢栄一がここに数々の要人を招いたのだと思いを馳せ、見学してから渋沢史料館本館2階へ。幕末から昭和初年まで長きにわたる渋沢の軌跡が展示されている。事業家のみならず病院や福祉ホームの開設など社会事業家として活躍したことに目を見張り、企画展「商人の輿論をつくる！」に団体が押し寄せているのにも驚いた。

閲覧コーナーには、展示で知った渋沢の多様な〝顔〟を深く知ることができる本が、400冊ほど並んでいた。

「2005年頃から注目度が上がり、アベノミクス失敗のせいか、ここにきてまた見学が増えています。渋沢が注目されるのは、経済に閉塞感のある時ですね」と、井上潤館長は話す。「渋沢栄一が育成に関わった企業は約500社、社会事業は約600」とも、「渋沢は正当な利益の追求を旨とし、道徳と経済は一致すると示しました」とも聞き、なるほどと膝を打つ。
「読みやすいところでは、現代の人が渋沢栄一の時代にタイムスリップする小説もありますよ」と、『渋沢栄一の経営教室　Sクラス』（香取俊介・田中渉著　日本経済新聞出版社）を案内してくれる。初めの一歩によさそうだが、まず〝正統派〟の本からと『渋沢栄一伝記資料』（渋沢青淵記念財団竜門社編）を開いてみる。蔣介石、エジソンら海外の歴史的人物との交流の多さに、改めてその偉大さを思う。
「渋沢は毎朝5時に起きましたが、6時には面会希望者が家の前に列をなして並んでいたそうです」（井上館長）
書棚には井上館長の著書『渋沢栄一』（山川出版社）も。「三菱の創始者の岩崎弥太郎が渋沢に、『君と僕が手を組めば、この国は全部牛耳られるんだ』ともちかけたが、渋沢は断わった」旨の記述が、鮮明に頭に残った。

SHOP DATA　北区西ケ原2‐16‐1／JR京浜東北線王子駅南口から徒歩5分、地下鉄南北線西ケ原駅から徒歩7分／☎03・3910・0005／10時～17時（入館は16時30分まで・青淵文庫と晩香廬は15時45分まで）／月曜（祝日の場合は祝日後の最も近い火～金曜のうちの1日）休／入館料一般300円　小中高校生100円

108

賀川豊彦記念　松沢資料館《上北沢》

5回もノーベル賞候補（文学賞2回、平和賞3回）になった〝忘れられた巨人〟

「賀川豊彦は、実は1947年と48年のノーベル文学賞候補、54〜56年のノーベル平和賞候補。救済事業、労働運動、生活協同組合運動、農民運動、著述、キリスト教伝道、平和運動など行ったことがあまりにも多くて、逆に注目されない。〝忘れられた巨人〟です」

と、副館長の杉浦秀典さんが、開口一番、無念そうな表情で言った。資料館はその賀川豊彦（1888〜1960）が晩年暮らした地にある。

「1909年に神戸の新川《しんかわ》（現・神戸市中央区の東部）というスラム街に飛び込み、〝もらい子殺し（お金を渡して赤ちゃんを他人に渡し、栄養失調で殺してもらう）〟が行なわれている貧困の現状に打ちのめされたのが、慈善事業を真剣に行うきっかけでした」

賀川の偉業の数々を、写真や日記などを展示した館内で案内してもらい、「朝の連ドラになってもいいくらいの人ですね」と言うと、「村岡花子の夫と賀川豊彦の妻はいとこでした（笑）」と杉浦さん。

図書は、伝記や評論などが、2つのラックに40冊ほど並んでいる。「これだけ?」と思いきや、ドアの向こうに、広い書庫があった。賀川豊彦自身の手で書かれた資料や、歴代の関係図書がずらりと並んでいる。「把握しているだけで2万5000点」で、目録作りが進行中とか。

カウンターで読みたい分野を申し出ると、書庫から取り出し、揃えてくれる。

私は賀川豊彦の全体像をさくっと知ることが出来るものをとリクエスト。ラックにも並ぶ『賀川豊彦』（隅谷三喜男著　岩波現代文庫）と小冊子『賀川豊彦・人と働き』（雲柱社）を案内される。

かつて日本最大の生協であったコープこうべを始め、日本生協連、戦前の学生消費組合、戦前の東京利用組合の基《もと》が、賀川豊彦によって作られていた。関東大震災の直後、神戸から横浜に船で上陸し、本所（墨田区）にテントを張って救済活動をしたことも知る。

「賀川豊彦ファンにはどんな人が？」と質問。

「田中康夫、猪瀬直樹、故日野原重明氏らがシンパのようです。田中康夫さんが神戸の震災の後にスクーターで支援に入ったのは、賀川豊彦の影響ですね」（杉浦さん）

SHOP DATA　世田谷区上北沢3‐8‐19／京王線上北沢駅から徒歩3分／☎03・3302・2855／10時～16時30分（入館は16時まで）／日曜・月曜（月曜が祝日の場合は翌火曜）休／入館料300円

109

海事図書館《平河町》

調査30年『太平洋戦争沈没艦船遺体調査大鑑』も閲覧できる

1974年（昭和49）設立の海事に関する専門図書館だ。ひょんなことから、東京港が世界50航路とつながっていると知って以来、その方面に興味が増してきていた私。まず、入口右手に置かれたパンフレットを手に取り、「日本の貿易量の99・7％は船が運んでいる」とのキャッチに目がとまり、ちょっとびっくりする。

「そう。私たちは、船で運ばれているものに囲まれているんです」と司書の木村素子さん。「海事」とは海運・船舶・港湾等のこと。その分野の図書約4万冊と雑誌約900種類が揃っていて、「100年以上前の本もほぼすべて、自由に手に取っていただけます」

電動開閉式の書棚に新旧の航海記、探検記、海洋文学なんかも並んでいる。辞書のような本も多い。

イギリスの保険会社・ロイズ社が1764年以来発行を続ける世界中の100トン（近年は300トン）以上の船の船名録「Lloyd's Register Of Shipping」で、1876年以降発行のものがずらり目の前に。世界に今、船は何隻あるのだろうか。

「約10万隻。日本は世界11位で約5000隻です。太平洋戦争でほとんどの船が戦争で沈んだので、戦後の建造です」

「個人的には、歴史的なことが好き」という木村さんが、貴重な本を見せてくれた。

A4判、500ページ超の私家本『太平洋戦争沈没艦船遺体調査大鑑』。元戦艦武蔵航海長で海軍大佐だった池田貞枝さんが30年をかけて、自ら船を太平洋に浮かべ、海底を探る調査や、英米軍の記録の入手などにより明らかにしたもの。なんと、戦闘艦、輸送船を合わせ、その数合計3644隻。船艇種類、排水量、沈没年月日、沈没原因まで、台湾、ベトナム、トラック近海など海域ごとに一覧にされている。

その数に驚くとともに、「大本営の発表には多くの誤謬《ごびゅう》があり」「わたしは軍人としての責務から、英霊と化したそれら日本人の終焉の地を忘れることができない」との序文に心が打ち震える思いだ。

この図書館を訪れるのは、新造船の価格や貨物船の運賃などのトレンドを調べる金融関係者が多いが、こうした本から「祖父が沈んだ船を知りたい」との人もいるという。

SHOP DATA
千代田区平河町2-6-4　海運ビル9階／地下鉄各線永田町駅5番出口から徒歩1分／☎03・3263・9422／12時〜17時／土曜・日曜・祝日休／入館無料

110

明治大学　米沢嘉博記念図書館《御茶の水》

ＡＫＩＲＡの連載開始号など漫画雑誌が14万冊

１階の展示室には、歴代の漫画だけでなく、雑誌の付録もずらり。開催中の「別マ（別冊マーガレット）まんがスクール　鈴木光明展」を覗き、「パタリロ」の魔夜峰央、「ガラスの仮面」の美内すずえら錚々《そうそう》たる漫画家が70年代の別マへの投稿からスタートしたのだと高ぶったり、コミックマーケットのイメージ模型を見て、スケールの大きさに驚いたり。個人的には弱い分野だが、漫画は日本が誇る文化だとひしひし感じながら2階の図書館へ。

明治大学が運営する漫画とサブカルチャーの専門図書館だ。第一印象は「きれい！」。書棚に大量に並んだ「なかよし」「りぼん」など少女雑誌の背の多くがピンクや赤色。ワクワクしてくる。

「普通、漫画って捨てられちゃうでしょ？　それを俯瞰しようと。コミックマーケットの創立メンバーだった故・米沢嘉博が遺した漫画雑誌、単行本など14万冊を所蔵しています。このフロアには約６０００冊。70年代のものが多いかな」と、スタッフのヤマダトモコさん。きょろきょろしていた同行のカメラマンが、突然「わっ」と声を漏らした。「ＡＫＩＲＡ

の連載開始号だ。「僕は単行本を夢中になって読んだけど、アニメ漫画の金字塔ですよ」と、「週刊ヤングマガジン」82年12月20日号を手に興奮している。

「ガイマンもありますよ」とヤマダさんが教えてくれるが、私には何のことか分からない。「外国の漫画のこと。アメリカ合衆国の『アメコミ』やフランス語圏の『バンド・デシネ』、韓国の『マンファ』など日本以外で制作された海外漫画全般を指す造語です。地域によって題材もタッチも意外と違うんですよ」とのことだ。

少年ニモが幻想的な夢の世界を冒険するアメリカの「リトル・ニモ」、高床式の家が登場するマレーシアの『カンボン・ボーイ』……。線も色も独特。私には画集のように見える。圧巻は、フランスの『フォトグラフ』。国境なき医師団と共に、パキスタン、アフガニスタン付近を旅したドキュメント漫画だそう。漫画にこんなジャンルもあるんだとびっくり。しばし居座って、ページを開くことにした。

SHOP DATA 千代田区猿楽町1・7・1／JR中央・総武線御茶ノ水駅から徒歩7分、地下鉄各線神保町駅から徒歩8分／☎03・3296・4554／月・金曜14時〜20時、土・日・祝日12時〜18時／火・水・木曜休／入館料300円（1階は無料）

111

東洋文庫 モリソン書庫《駒込》

マルコポーロ『東洋見聞録』に日本は「チャンパーク」

まるで外国の図書館のようだ。シックなブラウンの書棚がコの字型に配された、東洋文庫2階の「モリソン書庫」。褪《あ》せた赤やモスグリーンの背表紙がずらりと並ぶ、3階まで吹き抜けの空間で、古書の魅力がぐいぐい伝わってくる。

「モリソンは、『ロンドン・タイムズ』の特派員として1897年に北京に渡ったオーストラリア人です。在任中、欧州の書店などから東洋に関する書物を片っ端から取り寄せたんですね。2万4000冊を展示しています」と、図書部資料整理・閲覧複写課長（当時）で、主幹研究員の會谷佳光さん。19世紀以前の東洋関連の洋書コレクションなのだ。

「日本について書かれたものもありますか」

「もちろんです」

なんと、マルコ・ポーロの『東方見聞録』が展示されていた。1485年、アントワープ刊。「Cyampagu（チャンパーク）」の記載が「日本」のことだとか。そこから、いつしかジパング、ジャパンと呼ばれるようになったのか――と、わくわくしてくる。

會谷さんが展示されたページを指して、「段落の最初の文字が手書きなんですよ」。几帳面な赤色の手書き文字が点在する。15世紀の活版印刷の名残りの形態だという。ラテン語だから読めないのが残念だが、「黄金の国」と描写されているのであろうページの美しいこと……。他に、1605年に長崎で刊行された「イエズス会士通信日本年報」、1800年代にシーボルトが記した『日本植物誌』などもあり、〝本物〟が放つオーラに驚くばかりだ。

東洋文庫は、和図書の収集をしていた三菱第3代当主、岩崎久彌（1865〜1955）が1924年に設立。世界5大東洋学研究図書館の一つに数えられ、国宝、重要文化財を含む約100万冊を擁するという。それらを3階の閲覧室でパソコン検索し、閲覧できる。主に研究者に利用されているが、モリソン書庫を含むミュージアムスペースは公開。

訪問時、開催中だった企画展「孔子から浮世絵まで」を見学した。江戸初期に書かれた「浦島太郎物語」、葛飾北斎の筆による「諸国瀧廻り」、そしてリアルな春画も多数展示されていて、目がくぎ付けになった。

SHOP DATA 文京区本駒込2・28・21／JR山手線・地下鉄南北線駒込駅から徒歩8分／☎03・3942・0280／10時〜19時（入館18時30分まで）／火曜（祝日の場合は翌水曜）および年3回の展示替期間休／入場料900円

112

江東区立古石場《ふるいしば》図書館《江東区古石場》

小津安二郎は、従軍体験を映画に静かに反映させていた

小津安二郎（1903〜63年）が生まれ、10歳まで過ごした深川から約1キロの立地だ。1階に「小津安二郎紹介展示コーナー」があり、「浮草」「東京物語」の映画ポスター、脚本、愛用品などが並ぶ。それらを見てから4階の図書館へ。平日の昼間なのに、利用者が多い。館長の青柳一男さんが迎えてくれた。

「平成9年の開館。江東区立の中で一番新しい図書館です。小津さんにちなんで映画関係書を約2000冊収集しています」

さっそく案内してもらうと、確かに。「小津安二郎作品集」をはじめ、小津映画のさまざまな考察や人物評がずらり。他にも、黒澤明、今村昌平、山田洋次、鈴木則文ら監督関係の本、高倉健、菅原文太、高峰秀子、原節子、吉永小百合ら俳優関係の本……。壮観だ。

『小津安二郎と戦争』（田中眞澄著　みすず書房）と目が合った。小津に戦争がらみの映画はなかったのでは？　いや、1937年に中国戦線に従軍、43年からは「軍報道部映画班員」としてシンガポールに従軍していたと同書を開いて知った。「兵隊小津が撮った写真は、いわば戦争のなかでの日常、日常のなかの戦争」とあり、安徽省北部の定遠から38年4月11日付けで友人に「ここに四日前から慰安所が出来ました」と手紙を出していた。「兵士諸君！死なない様に、うまく戦争にまけ……」との一文を書いていたとも。

「2012年にイギリスの映画雑誌で『東京物語』が世界のベスト1に選ばれました。時代も国境も超えてなぜ賞賛されたかを検証した本もあります」と司書スタッフが教えてくれる。『「東京物語」と小津安二郎』（梶村啓二著　平凡社）。読んで、笠智衆演じる主人公に戦争から帰還しない次男のことを、「まだどツかに昌二がおるやうな気がするんよ」などと軽い言葉で語らせていた、と分かった。声高《こわだか》でない戦争批判が織《お》り込まれていたのだ。

改めて小津映画を観たくなった――と思ったら、古石場図書館のある古石場文化センターでは「江東シネマフェスティバル」を定期開催しており、毎年冬に小津映画も上映されるとのこと。行こう。

SHOP DATA 江東区古石場2‐13‐2　江東区立古石場文化センター4階／地下鉄東西線門前仲町駅・JR京葉線越中島駅から徒歩10分／☎03・5245・3101／9時～20時（日曜・祝日は17時まで）／月曜・第1金曜、年末年始、特別整理期間など休館

113

消防博物館図書資料室《四谷》

火災の原因の1位は「放火」だとは

地下鉄四谷3丁目駅に直結の入口を入ると、クラシックな消防車など7台が展示されている。大正期や昭和初期にアメリカやドイツから輸入された名車の美しい形に見とれ、木製の梯子《はしご》がついた梯子車に意表を突かれる。「消防の歩みを一堂に展示しています」と消防博物館スタッフが、関東大震災を教訓に、一気に消防の近代化が進んだと教えてくれる。

まず、5階までのフロアで、江戸時代からの消防の変遷や、「119」に電話してから消防車と救急車の到着まで一目瞭然の現代の消防システムなどを見学。装束の展示あり、ジオラマあり、消防への興味がかきたてられる。図書資料室は7階にあった。

「東京市史編」「消防行政」「外国行政」「社会科学」などと分けられた書棚に5700冊。「炎とのたたかい」「緊急出動」「救助犬ベア」「消防隊の活躍」などのタイトルの本に手を伸ばしつつ、「今、日本中で火災は何件起きているんですか」と聞いてみる。

「年間約5万件です。そのうち5000件が東京で発生しています」と館長代理の竹本敬司さんが「火災の実態　26年版」（東京消防庁刊）という本を取り出し、答えてくれる。同書をめくり、火災原因の1位が昭和52年に「煙草」から「放火」に転じたと知る。社会構造の変化が直結しているのだ。

「ところで、江戸時代の『いろは組』が組織的消防の始まりなんですね」

と口にすると、竹本さんが「ええ。この本に詳しいですよ」と「江戸三火消図鑑」(東京消防庁・江戸火消研究会監修　岩崎美術社)を出してくれる。1万8000円もするハードカバー本だ。

「三火消」とは、町火消、大名火消、定《じょう》火消(江戸城の防火を担う)のことで、いろは組は町火消。いろは48文字から「へ、ひ、ら、ん」の4文字を除き、これに代えて「百、千、万、本」の文字が加えられていたとか。「へ」は「屁」、「ひ」は「火」に通じ、「ら」「ん」は発音しにくいから――とのこと。類焼《るいしょう》を防ぐために燃えている家の周りを鳶口《とびぐち》などを使って壊す「破壊火消」が行なわれていた。組のシンボル・纏《まとい》を火災現場に高々と掲げたのは、風向きを確認すると共に皆の士気を鼓舞する目的からだった……など、興味深い記述が満載だった。

SHOP DATA 新宿区四谷3・10／地下鉄丸ノ内線四谷三丁目駅からすぐ／☎03・3353・9119／水・金・日曜の13時〜16時30分／消防博物館は9時30分〜17時、月曜(祝日に当たる場合は翌火曜)休／入場無料

114

矯正図書館《新井》

鬼平犯科帳に出てくる「石川島監獄署景況略図」が圧巻

1階に家具や織物、雑貨など「刑務所作業製品」販売所がある「矯正会館」の3階。刑務所、少年院などの職員らで組織される公益財団法人・矯正協会が運営する図書館だ。「矯正を中心とした刑事政策およびその周辺領域に関する図書4万冊と雑誌800タイトルを所蔵しています」と矯正支援事業部副部長の齋藤裕司さんが迎えてくれた。「矯正」とは、刑務所や少年院等に収容された人たちが更生と社会復帰に向け、教育や訓練を受けたり作業に従事すること——と、まずその定義を教えてもらう。開館は1967年(昭和42)だが、矯正協会の前身、大日本監獄協会の時代から図書館構想があったそうで、江戸期や明治期の牢・監獄関係書も揃っているという。

書棚は「社会病理」「依存症・嗜癖」「犯罪心理学・犯罪精神医学」「犯罪・刑罰と文学」などに区分。壁に掛かる「石川島監獄署景況略図」に目がとまる。「鬼平犯科帳に出てくる石川島人足寄場です。さまざまな仕事の訓練をしていたんですね」絵には、木工や指し物、藁細工、織物などに励む人たちが活写されている。図書館課長・

司書の平松智子さんが出してくれた「別冊太陽　古地図で歩く大江戸捕物帳」を読み、松平定信が寛政2年に設けた、浮浪者や軽罪人らが社会復帰するための保安処分施設、つまり矯正施設の源流だったと知る。

ところで、今、刑事施設は全国に何箇所あるのだろう、とふと。書棚に並んでいた『犯罪白書2014』（法務省刊）をめくってみる。刑務所、拘置所、少年刑務所合わせて190箇所。収容者は約6万3000人との記載だった。

『日本の刑事施設』（法務省矯正局刊　2011版）によると、被収容者一人一日当たりの収容費（食料、光熱水料、備品・消耗資材費等）総計が1452円。大半の施設で受刑者が編集、印刷した所内紙（誌）の発行など文芸活動も活発に行なわれているという。一方、『新苦しみと喜びと　矯正職員処遇体験記』（矯正協会刊）には「受刑者にナイフを突きつけられた」「被収容者が逃走し、夜勤明けに駅張り込み勤務が命じられた」など刑務官が被収容者と向き合う姿が満載。頭が下がるばかりだった。

SHOP DATA 中野区新井3-37-2　矯正会館3階／JR中央線・地下鉄東西線中野駅から徒歩15分、西武新宿線沼袋駅から徒歩7分／☎03・3319・0654／9時～17時（18時30分まで）／土曜・日曜・祝日・特別整理日（不定期・月1回程度）／入館無料

115

東京国立近代美術館フィルムセンター図書室《京橋》

初期のスター、尾上松之助は1000本以上の映画に出た

まず、7階の展示室で常設展「日本映画の歴史」を見た。映画が日本に上陸したのが明治30年。明治45年に「日活」が誕生したという日本の映画黎明《れいめい》期のストーリーを知り、妙に印象に残ったのが、旅鳥のような出で立ちの等身大パネルがあった尾上松之助という、初期の俳優。目つきがセクシーだったのだ。

4階の図書室には、「キネマ旬報」のバックナンバーをはじめ各種雑誌や「日本映画俳優全集」などが並んでいた。「和書を中心に映画関係の図書4万6000冊を所蔵しています」と主任研究員の岡田秀則さんに聞くや否や、唐突に「尾上松之助って?」と質問してみた。「〝目玉の松ちゃん〟ですね（笑）。1000本以上の映画に出ています」と、広報担当の田澤真理子さん。大正9年発行の『日活関西東京両撮影所十週年記念寫眞帖』と昭和37年発行の『日活五十年史』を閉架書庫から取り出してきて、彼が明智光秀や太田道灌に扮《ふん》する写真や解説のページを見せてくれた。

明治8年生まれ、大正15年没。「『十二段忠臣蔵』で大石、清水一角の二役を演じ、観客をうならせた。監督・牧野省三。大正6年」「約千本の主演映画を撮ったことは、恐らく世界映画市場未曾有の記録」といった記載があった。国民的大スターだったのだ。

「同時期の女優さんは？」と聞く。「大正時代の中頃まではいなかった。歌舞伎の影響で女形だったみたいですね」。意外だったが、なるほど。女性の出で立ちで写真に写る人の顔が皆、男性っぽい。

この図書室には歴代の図書が揃っている。映画パンフレットやシナリオ、映画祭の資料もあり、パソコンで検索すると、司書の女性が閉架書庫から出してきてくれるシステムだ。

ふと、アメリカの大女優スーザン・ストラスバーグ（1938～99）の名を挙げる。恋も逆境も芸の肥やしにした彼女の自伝を先日読んだばかりだったからだ。

岡田さんがすかさず、彼女の代表作「女優志願」のパンフレット（有楽座　昭和33年発行）と雑誌「映画ストーリー」同年9月号を持ってきてくれた。後者は「時のスター」として〝小森のおばちゃま〟こと映画評論家の故・小森和子が「お茶目でお洒落で気に病みやの可愛らしいお嬢さん」と評しているが、さて。閲覧席を陣取り、読むことにした。

SHOP DATA 中央区京橋3・7・6／地下鉄銀座線京橋駅・浅草線宝町駅から徒歩1分／☎03・5777・8600／12時30分～18時30分（入室は18時まで）／日曜・月曜・祝日休

116

世田谷美術館アートライブラリー《砧《きぬた》公園》

ルソーの「フリュマンス・ビッシュの肖像」等身大オブジェがお出迎え

入り口の前に、金ボタン付きの黒い服を着た男性の等身大の平面オブジェがあった。キュートだ。見ていると、広報担当（取材当時）の村上由美さんがやって来た。

「当館所蔵のアンリ・ルソーの『フリュマンス・ビッシュの肖像』を拡大したものです。ルソーが思いを寄せていた女性が結婚した相手の警察官。若くして亡くなったので、ルソーはその女性を慰めようと描いたそうです」

そんなステキなエピソードを聞いてから、ライブラリーに入る。天井が高く、書棚も閲覧席もモダンなデザイン。元麻布ヒルズなどを手がけた建築家・内井昭蔵の設計だそう。

「86年に開館して以来の展覧会の図録と、国内外の近現代の作家および世田谷ゆかりの作家の画集などを約2000冊開架しています」

恥ずかしながら初めて知ったのが、「素朴派（ナイーブ・アート）」のくくり。正式な美術教育を受けていない作家たちの作品ジャンルで、ルソーもその一人だそうだ。司書の西野友季子さんがルソーの画集を見せてくれる。奇怪な顔の「子供の肖像」にどっきり。写実絵画全盛の1900年代初頭に異端だった。

「影響を受けた日本人作家に横尾忠則、藤田嗣治、有元利夫らがいます」

その3人の画集を次々と開き、心躍る時間を過ごす。

もう一つ、初耳だったのが「アウトサイダー・アート」のくくり。障害を持つ人たちの作品ジャンルだそうだ。山下清の画集に並び、洋書もずらり。ムンクの「叫び」を彷彿させる表紙の『パラレル・ヴィジョン』（モーリス・タックマン、キャロル・S・エリエル編　淡交社）を開いてみる。

まさしく天才たちだ！　おそろしく綿密な線画、シュールな世界観、文字とイラストが融合した作品……。オーストリアの施設に暮らした知的障害者ヨハン・ハウザーという人のカラフルな絵にぞっこんになる。93年に世田谷美術館でこの本と同名の展覧会が開催されたそうだ。

訪問時は、2階の展示室で、「世田谷に住んだ東宝スタジオゆかりの作家たち」を開催中で、人気を呼んでいた。

SHOP DATA 世田谷区砧公園1-2　世田谷美術館2階／東急田園都市線用賀駅から徒歩17分／電03・3415・6011（代表）／10時～18時（入室は17時45分まで）／月曜（祝日の場合は翌火曜）休／無料

117

成田山仏教図書館《成田》

昭和11年『廓讀本』には「時のハズミに思はず接吻……」と説く

「日本で一番古い公共図書館」と聞き及んでいた。成田山新勝寺にあり、館名に「仏教」がつくから、仏教書専門の図書館だろうと思ったが、違った。

司書の大木雅雄さんが、「蔵書78万件のうち仏教書は3割。7割は文芸、哲学、思想などオールジャンルです」と言う。それならば、一般書の数約55万件。莫大だ。

明治34年の創立。そもそも明治27年に、24歳の若さで成田山の第15世貫首になった石川照勤僧正が欧米視察に出かけ、社会事業に目覚めて帰国。成田中学（現・高校）、成田山感化院（後の千葉感化院）などとともに、自身の蔵書を元に設立したのがルーツである。

パソコン検索し、カウンターに閲覧したい本を請求するシステムだ。

「明治・大正・昭和前期に、リアルタイムで購入した初版本がずいぶんあるんですよ」

大木さんが、書庫から和綴じ・箱入りの古書を出してきて、「女の人にちょっとアレだけど、あなたはトウが立ってるからいいよね」とにこっと笑う。昭和11年発行の『廓讀本』（中村長次郎著）。「頒布所」は熊本。娼婦への心得等を説く本だった。「接吻のページ、面白いんですよ」とのことで開くと――。

〈絶対に避けるのが宜しいのであります。けれども時のハズミに思はず接吻せんとも限りません。かう言う場合は、お客に気づかれぬやう、窃《ひそか》にハンカチーフか紙などでよく口中を拭きとり、決してそのまま唾液など呑みこまないやうに〉

笑ってしまうが、大真面目だ。実は私の興味ある分野。戦前の「遊廓案内」的な本をずいぶん探したことがあったが、これには行き当たらなかった。「だって、今まで閲覧した人、ひとりもいないんだもの」と大木さん。コピーは不可だが、デジカメOKとのことで、記念に撮る。

さらに、『愛ちゃんの夢物語』という児童書も見せてくれた。「最初は、アリスを愛ちゃんと訳したんですね」。明治43年に発行された『不思議の国のアリス』の前身だとは。「館長手元ヨリ」の印鑑が押されている。初代館長、つまり石川僧正が童話を読んでいたとは、ちょっと意外だ。

申し出ると、書庫の見学可。私は書庫で、夏目金之助（漱石の本名）著『三四郎』の明治42年初版本（春陽堂）を見つけ、アールヌーボー調の表紙絵にほれぼれした。

SHOP DATA 成田市田町312／9時～17時、日曜・月曜・木曜・祝日休／☎0476・22・0407／京成・JR成田駅から徒歩15分

切りとり線

★読者のみなさまにお願い

この本をお読みになって、どんな感想をお持ちでしょうか。祥伝社のホームページから書評をお送りいただけたら、ありがたく存じます。今後の企画の参考にさせていただきます。また、次ページの原稿用紙を切り取り、左記まで郵送していただいても結構です。

お寄せいただいた書評は、ご了解のうえ新聞・雑誌などを通じて紹介させていただくこともあります。採用の場合は、特製図書カードを差しあげます。

なお、ご記入いただいたお名前、ご住所、ご連絡先等は、書評紹介の事前了解、謝礼のお届け以外の目的で利用することはありません。また、それらの情報を6カ月を越えて保管することもありません。

〒101－8701（お手紙は郵便番号だけで届きます）
祥伝社新書編集部
電話03（3265）2310

祥伝社ホームページ　http://www.shodensha.co.jp/bookreview/

★本書の購入動機（新聞名か雑誌名、あるいは○をつけてください）

＿＿＿＿新聞の広告を見て	＿＿＿＿誌の広告を見て	＿＿＿＿新聞の書評を見て	＿＿＿＿誌の書評を見て	書店で見かけて	知人のすすめで

★100字書評……すごい古書店　変な図書館

名前

住所

年齢

職業

井上理津子　いのうえ・りつこ

1955年、奈良市生まれ。京都女子大学短期大学部卒業後、タウン誌編集部を経てライターとして活躍。大阪を拠点に人物ルポやインタビューを中心に執筆し、2010年より東京在住。主な著書に『さいごの色街　飛田』『葬送の仕事師たち』（共に新潮社）『遊郭の産院から』（河出文庫）『旅情酒場をゆく』『大阪下町酒場列伝』（共にちくま文庫）などがある。

すごい古書店《こしよてん》 変《へん》な図書館《としよかん》

井上《いのうえ》理《り》津《つ》子《こ》

2017年 9 月10日　初版第 1 刷発行

発行者……………辻 浩明

発行所……………祥伝社《しょうでんしゃ》

〒101-8701　東京都千代田区神田神保町3-3

電話　03(3265)2081(販売部)

電話　03(3265)2310(編集部)

電話　03(3265)3622(業務部)

ホームページ　http://www.shodensha.co.jp/

装丁者……………盛川和洋

印刷所……………堀内印刷

製本所……………ナショナル製本

Printed in Japan ISBN978-4-396-11516-6 C0276